Un Secreto Para Criar Hijos Responsables

Un enfoque revolucionario de una madre sobre la relación padre/adolescente

Jennic Hernandez

Un Secreto Para Criar Hijos Responsables
Un enfoque revolucionario de una madre sobre la relación padre/adolescente
by Jennie Hernandez

Library of Congress Catalog Card Number

International Standard Book Number

978-0-9911399-5-8

Printed in the United States of America

Índice

INTRODUCCIÓN:
¡LO HE VIVIDO!

Mis hijos mayores se hicieron adolescentes (y aún había mas por venir) en un momento muy difícil. Mi matrimonio estaba disolviéndose. Los niños iban mal en la escuela; durante un par de años ni siquiera asistieron a clases. Mi marido tenía poco trabajo y no teníamos dinero. Día a día, las cosas eran cada vez peores.

Finalmente, mi marido y yo nos separamos y la responsabilidad total de hacer que las cosas funcionaran recayó sobre mis hombros. Pronto tuve que enfrentar cosas como que no hubiera forma de calentar la casa porque no tenia dinero para comprar combustible. Termine por recoger algunos retazos de madera de un sitio de construcción y quemarlos en la chimenea para calentar la casa. Nuestra casera intentaba desalojarnos aún cuando la renta estaba pagada. Ahora que no había "hombre en la casa" que arreglara gratis las cosas parecía querer tener otros inquilinos. Mis hijos no lograban lidiar con el caos que permeaba su vida cotidiana. Al echar un vistazo hacia atrás, no logro comprender como logramos superar todo eso. Pero lo logramos.

Cuando finalmente obtuve el divorcio y gane la custodia única de mis siete hijos, nos mudamos a otro estado para empezar de nuevo. Era una madre divorciada con siete hijos, dos de ellos adolescentes y dos en edad preescolar. Nuestros ahorros familiares se reducían a las monedas que encontrábamos bajo los cojines del sofá. Ya que no percibía salario ni pensión alguna, tenía que acogerme a los programas de asistencia gubernamental para satisfacer las necesidades básicas de mi familia. Como no poseía habilidad laboral alguna, me convertí en estudiante de tiempo completo. Esto me resulto muy difícil ya que me vi obligada a llevar a mis hijos menores a una guardería, cosa que nunca antes había hecho. Tantos cambios y distracciones resultaban desorientadores para mis hijos. No se sentían felices, especialmente mis hijos adolescentes, que se mostraban agresivos y rencorosos. En sus ojos leía sus sentimientos: Es tu culpa que vivamos en este desastre, mama."

Fuè entonces que algo en mi me dijo que no quería que la vida de mis hijos se viera afectada por mis elecciones pasadas. De hecho, quería ayudarles a tener una vida mejor que la mía, quería hacerlos sentir fuertes; necesitaba encontrar la forma de lograrlo.

ORILLADA AL LIMITE Y MAS ALLÁ

Había sido una de esas mamas que se quedan en casa y llevaba años sin tener un trabajo remunerado. Mis recursos físicos, financieros y emocionales habían llegado a su límite. No tenía mas remedio que volver a ser estudiante de tiempo completo aunque sabía que esto me demandaría mucho tiempo y energía. Además de ir a clases y hacer tareas, me ocupaba de todas las tareas domesticas y de ser madre. Cada vez que algo se rompía en casa, era yo quien lo arreglaba. Cuando los niños tenían que ir a algún lado, era yo quien los llevaba. La responsabilidad entera de criar a siete niños no era sino mía. Mis hijos adolescentes necesitaban cada vez más atención. Todos sus problemas, demandas, preocupaciones y egoísmos iban dirigidos hacia mi. Estaban muy enojados por el desmembramiento de nuestra familia y por nuestra mudanza. La policía venia a tocar a mi puerta a consecuencia de lo que mi hijo hacia con sus amigos. No podía tener el control de todo haciendo las cosas como antes. Mis hijos mayores se aventuraban por un camino que debía cambiar de curso. Teníamos problemas y yo necesitaba soluciones... para ayer.

Comencé a recurrir a los "expertos." Pronto aprendí que los "expertos" generalmente daban instrucciones complicadas y barrocas para criar adolescentes. Asombrosamente, muchos no tenían experiencia de primera mano con adolescentes. Un autoproclamado experto que vi en un programa de televisión tenía todas las credenciales adecuadas, y sin embargo, nunca se había casado ni había tenido hijos. Tenia *algunas* buenas ideas pero no me sentía identificada con el. Soñaba como algo loco pero las demandas de mi situación me hacían estar a la caza de soluciones. Cuando leí libros que prometían respuestas, descubrí que nunca iban al grano. Recuerdo un libro en particular (uno de los mejores, de hecho) que describía un proceso de doce pasos para resolver problemas en cooperación con adolescentes, plagado de páginas y mas páginas de explicaciones técnicas. No me sirvió de mucho. No tenia el tiempo ni la paciencia necesarios para leerlas y tratar de aplicarlas. Creía que debía existir una mejor forma útil para una madre ocupada y bajo presión como yo.

MADRE INVENTIVA

He escuchado decir que la necesidad es la madre de la inventiva. Yo tenía necesidad real y urgente de una forma efectiva de lidiar con mis hijos adolescentes y de hacer que su vida (y la mía) funcionaran mejor. Logre satisfacer esa necesidad por medio del diseño de mi propio enfoque. Se trata de un enfoque sencillo y directo que funciona con mis hijos y funciona muy bien.

Hoy mis hijos florecen. Los dos mayores son miembros de la National Honor Society y figuran en el *Who's who Among High School Students*; ambos han recibido becas para asistir a la National Young Leaders Conference en Washington, D.C. Mi hijo mayor acaba de pasar un trimestre trabajando como asistente en la legislatura estatal de Idaho y ahora asiste a la Universidad de Princeton con una beca de cien por ciento por cuatro años. Mi hija mayor se gradúo con los más altos honores y fue oradora en su graduación. También fue electa para asistir al Girls' State, un programa de una semana de duración en el Congreso estatal en el que chicas seleccionadas para representar a cada una de las regiones del estado se familiarizan con el proceso legislativo. El año pasado fue primera finalista en el concurso de belleza de nuestro condado y recibió becas en cuatro categorías. Mis hijos menores se acercan hoy a metas similares. Lo que es mas importante, nuestro hogar es actualmente mas pacifico y mis hijos están aprendiendo a ser miembros responsables de la familia. Lo increíble es que son gente agradable (a pesar incluso de ser adolescentes) y que se sienten felices.

Mucha gente me ha preguntado que hice para hacer de nuestra vida familiar un éxito. Las paginas que siguen a continuación describen el proceso que emplee y que he convertido en un seminario que imparto a otros padres adolescentes. En cierto modo, mi enfoque proviene de una perspectiva "gerencial" en la que lo más importante es hacer que las cosas funcionen bien. Este enfoque esta basado en cinco conceptos que definen nuestra relación con los adolescentes:

- Toda relación es de intercambio.
- Los intercambios se rigen por reglas.
- Algunas de las reglas que rigen los intercambios están ocultas.
- Pon todas las reglas sobre la mesa.
- Concéntrate en hacer que los intercambios funcionen.

En la medida en que emplees este enfoque de cinco punto veras a tus hijos adolescentes hacerse responsables de su propia vida. Utilizaran su energía creativa de manera positiva para establecer relaciones que les funcionen, particularmente la que tienen contigo. Quizás no lo creas todavía, pero veras menos contención en tu hogar. Tus hijos harán mejores juicios. Maduraran con gracia y estarán listos para enfrentarse al mundo cuando les llegue la hora de irse de casa. Tu vida como padre será más placentera.

RECUÉRDALO: NO SOY MAS QUE UNA MAMA

Para que lo sepas, psicóloga psicoterapeuta, o consejera infantil, Soy mama. Sin embargo, muchos de los conceptos de este libro están teñidos por mi formación y mi interés en el desarrollo de recursos humanos desde una perspectiva gerencial. Ya que tome clases sobre esas materias, comencé a aplicar los mismos principios a mi vida familiar. Descubrí que el manejo gerencial era un mejor recurso que todos los materiales sobre desarrollo infantil que había estudiado. En el mundo del trabajo, la meta es siempre hacer las cosas en forma eficiente y eficaz. Se trata de un universo orientado a los resultados y al desempeño y que no se preocupa necesariamente por el porque de las cosas. Yo no disponía del tiempo ni de los recursos necesarios para ceder ante las demandas de mis hijos ni quería tampoco dejar que se las arreglaran como pudieran. La mayor parte del tiempo, estaba sola y ausente. Hacer que mi familia funcionara era mi motivo principal. Para ser franca, llegar al fin de cada día sin que aconteciera un desastre era todo lo que deseaba lograr. Sin embargo, algo milagroso sucedió en el camino. Al seguir esta vía de tipo gerencial, nuestra familia fue transformándose poco a poco. Hoy somos gente más feliz, más sana y más propositiva. Nuestro hogar rezume un aire delicioso y mis hijos adolescentes van de maravilla.

A lo largo de este libro, recurro a anécdotas con el fin de ilustrar mis conceptos para lidiar con adolescentes. Muchas provienen de experiencias de mi vida personal y de la vida de otras personas a las que conozco.* Espero que te identifiques con ellas y que puedas usarlas como puntos de referencia en tus propias aventuras parentales. Al leer y aplicar estos conceptos, por favor utilízalos de manera que tú y tu familia se vean beneficiados. Lo "que yo elegí para mis hijos quizás no sea lo que tu desees para los tuyos".

Una madre de familia por ejemplo, se acerco a mí después de que hube impartido un seminario y me dijo que le había gustado la clase pero que no estaba de acuerdo con lo que yo quería para mis hijos. Lamente no haber logrado dejarle en claro que no deseaba imponer mi agenda materna sobre persona alguna. Del mismo modo, la intención de este libro es proveerte de herramientas paténtales útiles y no dar voz a mis ideas de lo que constituye una buena maternidad. La forma de utilizar estas herramientas depende enteramente de ti y de lo que quieras para ti y para tus hijos adolescentes.

---

*He cambiado los nombres de estas personas a lo largo de este libro.

Los adolescentes pueden constituir una gran alegría; puede ser divertido -e incluso interesante-tenerlos en casa. Sin embargo, en ocasiones pueden ser exactamente lo contrario.

EL PROBLEMA TÍPICO DE SER PADRE DE UN ADOLESCENTE

Alguien me dijo alguna vez que si Dios nos da hijos bajo la forma de encantadores bebés hará que queramos conservarlos y cuidarlos. Y si eventualmente se hacen adolescentes es para que, ¿queramos deshacernos de ellos ? ¿Cuántos de nosotros no recordamos haber creído que su almita no seria sino perfecta al crecer? Sin embargo, en algún momento, empezamos a sentir que estábamos en un episodio de *Los expedientes secretos* X, y que algún extraño extraterrestre se había apoderado de nuestro hijo. O, dicho de otro modo, el hijo comenzó a actuar como adolescente.

Dentro de unos meses seré madre de cuatro adolescentes. Y, de hecho, me caen bien. Muy bien. A pesar de ello, en ocasiones desearía ser abductada por una nave extraterrestre. Nada sino la experiencia puede preparar a un padre para lo que sucede durante la adolescencia. El teléfono lo despierta a uno a las 2 de la mañana. Escucha uno a su hijo de cuatro años llamar a gritos a su hermano mayor después de abrir la puerta y ver a un policía parado ante ella. Sube uno a su único automóvil para dirigirse a trabajar y se percata de que la defensa tiene una posición distinta. Huele uno alcohol en el aliento de un adolescente que se niega a hablar. Dice uno a sus hijos algo que habrá de resultarles de gran ayuda solo para verlos darse media vuelta en actitud de total desden y decir. "Aja, como no." Tiene uno ante si un rostro que le resulta vagamente familiar pero del que no puede recordar el nombre, dado que el maquillaje es demasiado áspero. Ve uno sus zapatos nuevos calzados en otros pies rumbo a la preparatoria. Y como plato de resistencia, escucha uno gemidos en la noche y, al preguntar ¿Qué pasa? ve uno aparecer a dos personas de apariencia desastrada: un hijo y un miembro del sexo opuesto. Todo esto y más constituyen parte de criar a un adolescente.

Al percatarme de que muchos de estos comportamientos forman parte de "la naturaleza de la bestia" trate de asimilar la idea de que lo que sucedía constituya mi estilo de vida. El único problema era que ya llevaba yo una enorme carga a cuestas y no quería sumarle el peso extra del comportamiento de mis hijos adolescentes. Comencé a analizar desde una perspectiva realista lo que *verdaderamente* estaba haciendo con mis hijos. En el mundo de los negocios, cualquier empresa que busca el éxito debe hacer el balance del punto en el que se encuentra, el destino de sus recursos y el rumbo al que la conduce su dirección. Decidí hacer lo mismo con mi familia y comenzar por mi hijo mayor.

LAS EXPECTATIVAS DE UN ADOLESCENTE

Paul, mi hijo de entonces de 17 años, comenzó a quejarse de necesitar mejor ropa y mayor acceso al automóvil familiar. Se molesto mucho conmigo y con lo que percibía como mi descuido. Me enviaba mensajes sutiles: una palabra aquí, un comentario allá. Y me arrojaba *miradas* especialmente que la mayor parte del tiempo estaba fuera de casa u ocupada. Al principio, sentía que debía acatar las demandas de mi hijo.

Después de señales ya no tan sutiles, Paul y yo nos sentamos a discutir el asunto. Le sugerí que hiciéramos una lista de las expectativas que teníamos el uno del otro. Puso la lista por escrito. Decía mas o menos así: Paul quería que le suministrara una habitación propia, de acceso restringido a otros miembros de la familia; quería libre acceso al automóvil familiar, con el tanque de gasolina lleno, la carrocería reparada y las vestiduras limpias; quería que pagara el seguro del auto, cuyo costo incrementaba dramáticamente dado que el también lo manejaba; quería también libre acceso a mi computadora, incluida la conexión a Internet;

esperaba que le comprara ropa pero solo aquella que fuera de su gusto (sus zapatos debían ser de determinada marca y estilo y debía, además, tener zapatos especiales para cada uno de los deportes que practicaba) esperaba que lavara su ropa e incluso que, en ocasiones, lavara la camiseta justa que necesitaba lucir para un evento especial; quería que compra los alimentos, cocinara y le sirviera todas las comidas.

Señalando la lista, le pregunte: y tú ¿ qué me das a cambio de todo esto? Se ruborizo sin poder evitarlo. Se quedo sin palabras. Yo Proseguí: "Debo entender entonces que se supone que debo darte todo esto a cambio de que me honres con tu presencia en nuestro hogar."

"Pues, s...s...!si," tartamudeo con aire ingenuo e inocente.

¿Te gustaría que alguien te entregara una lista como esta y verte obligado a acatarla? le pregunte. Comenzó por mírame fijamente y después desvío la mirada al techo. Se percato de que yo no proseguiría a menos que respondiera. Finalmente, admitió un "No, No me gustaría."

ÉL CHICO DE LOS 3 MILLONES DE DÓLARES

Una de las razones por las que ser padre de un adolescente puede resultar frustrante en ocasiones es que rara vez puede uno predecir lo que hará. A menudo puede tratarse de algo muy divertido o interesante, pero a veces, no se trata sino de un tiro con efecto dirigido directamente al propio rostro.

Cuando leí el periódico que iba a celebrase una subasta abierta vía Internet, inmediatamente imagine que algún adolescente se pondría a jugar con ella. No se trata de una broma: no existe posibilidad alguna de verificar la credibilidad de quienes pujan en la red. En este caso, una empresa había decidido subastar algunos artículos caros: ¿en verdad pensaban que ningún adolescente iba a sentirse tentado a tratar de comprar algo padrísimo? ¿Qué crees que sucedió?

Andrew, de trece años, vivía en Nueva Jersey. No tenia dinero para comprar un Ford rojo convertible modelo 1955, ni un cuadro de Van Gog, ni el primer cómic de Súperman, ni cosa alguna de las enlistadas por la casa de subastas por Internet. Sin embargo, eso no lo detuvo: pujo de todos modos. Su mamá recibió la cuenta: era de 3 millones de dólares. El domingo de Andy no cubría una cuenta tan grande. Pero, para el, se trataba de un juego y ya sabes que a los adolescentes les gusta jugar. Para sus azorados padres, sin embargo, no se trataba de un juego.

Entre los artículos que compró se encontraba una cama *circa 1860* cuyo precio de salida era de mil dólares. *"Treinta y tres pujas adicionales habían elevado el costo a 12 mil dólares antes de que Andy se sumara a la sude competencia",* declararía el director de la casa de subastas a los medios de comunicación. Andrew pujo por ¡900 mil dólares! Si hubiera logrado conservar la cama ---pensando que Andy no debe ser demasiado distinto de mis hijos---seguramente no la hubiera tendido en las mañanas.

Sobra decir que Andrew se quedo sin acceso a Internet. Dado que se trataba de un menor y gracias a la cobertura de los medios, sus padres no se vieron obligados a pagar los 3 millones de dólares. Sin embargo, debieron soportar muchos conflictos y vergüenzas.

Cuando relate esta historia a un amigo mío, me contesto: "Sé perfectamente de que hablas": Un día, mientras hacia yo ejercicio en el patio, mi hijo de 17 años me pidió permiso para pasar la tarde en casa de su amigo que vive a la vuelta de la esquina. Le dije que estaba bien. Antes de que pudiera percatarme de ello, habían pasado un par de horas y el teléfono estaba sonando. Era mi hijo para decirme que acababa de destrozar el auto y que se encontraba a 300 kilómetros de casa. ¡Y yo había pensado todo el tiempo que estaba a la vuelta de la esquina!

Los adolescentes te sorprenden a cada rato con cosas de este tipo. Ahí esta uno, padre de familia diligente que trabaja y mantiene a sus hijos, cuando ¡CATAPLUM! de repente un hijo adolescente le da una sorpresa.

LA RELACIÓN DESIGUAL

Casi todos los adolescentes esperan tener el mismo tipo de intercambio desigual con sus padres. Mi hijo Paul, estudiante de mención honorífica que rara vez se mete en problemas, no fue la excepción. Los adolescentes tienen una tendencia natural al egoísmo. En ocasiones ni siquiera se percatan de que las cosas tienen otro lado: el de los padres. Esto me recuerda un chiste que escuche alguna vez: ¿Cuántos adolescentes se necesitan para cambiar un foco? Solo uno, "ya que el adolescente colocaría el foco en la entrada del *socket* y esperaría a que el mundo entero girara en torno a él."

Lo cierto es que es más fácil lidiar con ciertos adolescentes que con otros. Algunos colaboran más que otros. Sin embargo, todos los padres de adolescentes se pueden ver beneficiados por ayuda para que sus hijos vean lo que realmente hacen por ellos. Lo que sigue es un sencillo proceso de cinco pasos diseñado para ayudarte a enseñar a tus hijos adolescentes que deben ser conscientes de ambos lados de la relación que tienen con sus padres.

"Mi hijo adolescente vaga todo el día por su propio mundito, ignorante de todo y de todos. Parece que llevara una cubeta sobre la cabeza."

Descripción de una madre de su hijo adolescente.

EL SECRETITO PARA TENER ÉXITO CON LOS ADOLESCENTES

Durante los primeros veinte años de la vida de tu hijo, pasarás con el alrededor de 7 mil 300 días, lo que constituye tiempo suficiente para experimentar e intentar algo nuevo cuando las cosas no funcionan. He escuchado decir que una definición de locura es seguir haciendo lo mismo una y otra vez en espera de resultados distintos. Sin embargo, eso es lo que veo hacer a muchos padres de adolescentes: lo mismo, una y otra vez, en la esperanza de que la relación mejore.

Muchos son los padres que nunca cuestionan realmente que hacen, o porque siguen haciéndolo. Es como si se dijeran: "Lo que hago no funciona, así que quizás hacerlo mas funcione mejor." En lo que a mi respecta, admito haber cometido el mismo error con mis hijos adolescentes; sin embargo he aprendido algunas lecciones en el camino. No puedo pasar más de un cierto tiempo dándome de topes contra la pared; pronto me percato de que es hora de probar otra táctica. Me rijo por una regla sencilla aunque poco observada: *Si lo que haces no funciona, prueba algo distinto.*

Se lo que es fracasar con los hijos incluso después de los mejores esfuerzos. Se lo que es querer tener una mejor relación con los hijos, una mejor vida familiar y no lograr alcanzarla. Y se también lo difícil que es atreverse a probar algo nuevo. Pero una cosa es cierta: si lo que estas haciendo en tu relación con tu hijo adolescente no funciona tan bien como desearías, quizás sea hora de cambiar. Mi enfoque para lidiar con los míos fue intentar algo totalmente distinto. Creo que a ti también puede funcionarte.

Los padres y los adolescentes generalmente **se concentran,** uno en otro cuando interactúan.

El secretito reside en concentrase en mejorar el intercambio con el otro.

UN MERO CAMBIO DE ÉNFASIS

He aquí el secreto que ha funcionado en mi familia si se pone el énfasis en el intercambio y no en el individuo, las cosas comienzan a cambiar. Existen cinco pasos que puedes utilizar para lograr promover ese cambio. Resulta muy interesante que un concepto tan sencillo pueda producir un cambio tan grande en las relaciones.

!Y DE PRONTO! SE CONVIRTIÓ EN UNA ADOLESCENTE

Déjame darte un ejemplo rápido de lo que hablo. Esta historia puede resultarte simple pero los resultados que experimente fueron mas valiosos de lo que podría expresar.

Tengo una hija de diez años. Actúa como si tuviera 16. No se si ahora los niños crecen más rápido que antes o si ella es así. Quizás lo que sucede es que es encuentra en medio de siete hermanos y que en ocasiones se siente perdida.   Hace aproximadamente un año, comenzó a comportarse como una persona mayor. Sus intereses comenzaron a cambiar. Quería ropa distinta.   Quería hacer uso constante de teléfono.   Y así sucesivamente. Creo que, conforme cambiaba, quería que yo fuera cambiando con ella. Quería ser el centro de atención; quería que yo la tratara así. Pues bien, con todas las cosas que yo estaba viviendo, no siempre podía hacer de ella el centro de atención. Comenzó a enojarse conmigo, al punto de llamar a su padre para "acusarme" con el. El me llamaba para saber porque era yo tan malvada, pero ella no me acusaba de nada específico. Se mostraba reservada y no interactuaba con la familia. Durante un tiempo la ignore con la esperanza de que su comportamiento se modificara, pero no fue así; de hecho, empeoro.

Ahora ha cambiado. Le gusta mucho estar con la familia, ayuda en los quehaceres domésticos, le gusta hacer cosas con sus hermanas. Nos divertimos juntas. Ya no le llama su papá. Parece auténticamente feliz. ¿Como sucedió esto? En las páginas que siguen, te compartiré algunos de los conceptos que he aplicado con mis hijos. La historia precedente es cierta. Al aplicar estos principios, el cambio se produjo.

No es difícil producirlo, pero necesitaras estar alerta y esforzarte. Se trata sobre todo de cambiar tu enfoque de las relaciones y de concebir la interacción entre tu hijo adolescente y tu mismo desde una perspectiva distinta. Los secretos son cinco sencillos pasos, cada uno de los cuales deriva del anterior.

TODA RELACIÓN ES DE INTERCAMBIO

La relación que tienes con tu hijo adolescente es de intercambio.

Padre   Adolescente

Das cosas a tu
hijo adolescente
y esperas cosas
a cambio.

Tu hijo adolescente
espera cosas de ti y
puede darte a
cambio cosas
rarísimas o nada.

Se trata de un
arreglo recíproco;
cada individuo
intercambia algo
con el otro.

PRIMER PASO:
TODA RELACIÓN ES DE INTERCAMBIO

Supongamos que vas de compras a tu supermercado favorito y descubres que los precios no están anunciados en sitio alguno. Después de llenar el carrito de productos y llevarlo a la caja, el cajero carga tus productos a tu tarjeta de debito sin decirte a cuanto ascendió tu cuenta. ¿Cuánto tiempo más seguirías frecuentando esta tienda? La razón por la que hacemos nuestras compras en una determinada tienda y regresamos a ella consiste en que hemos acordado un intercambio: pagar un determinado precio por los productos que compramos. Nosotros salimos beneficiados del intercambio y también el propietario de la tienda.

Podemos comprar con confianza porque sabemos de antemano en que reside el intercambio.

En forma similar, en la relación con sus hijos adolescentes la mayoría de los padres son como clientes en ese supermercado imaginario que carece de precios. Incurren intercambios con ellos sin siquiera mirar el costo que suponen.

No te pido que conviertas tus relaciones en intercambios; te pido que reconozcas que todas tus relaciones son ya intercambio. Incurrimos en intercambios con comerciantes, banqueros, peluqueros, maestros, cónyuges, hijos y mascotas. Intercambiamos cosas como dinero, productos, servicios, tiempo, energía y compañía. También intercambiamos cosas menos cuantificables como amistad, amor y cariño. Independientemente del contenido del intercambio, todas nuestras relaciones suponen algún tipo de intercambio. Veamos algunos intercambios frecuentes.

UN INTERCAMBIO AMISTOSO

Cathy ha sido mi amiga durante años. Nuestro intercambio es evidente. Ambas hemos compartido experiencias de vida similares. Nos comprendemos y podemos platicar durante horas. La he utilizado como retroalimentación para ayudarme a resolver problemas o preocupaciones y ella ha hecho lo mismo conmigo. Cathy ha sido, por momentos, mi única amiga y me ha ayudado a superar algunas experiencias difíciles. He hecho lo mismo por ella. Quizás dejemos de hablar durante meses pero, con solo una llamada, inmediatamente volvemos a empezar como si el tiempo no hubiera pasado. Nuestra amistad funciona porque ambas resultamos beneficiadas de ella. La he ayudado, ella me ha ayudado, la escucho. Ella me escucha. La interacción equitativa es lo que ha hecho nuestra amistad.

INTERCAMBIO ENTRE VECINITAS

Otro buen intercambio que he atestiguado es el que tiene mi hija de siete años, Christina, con su amiga Michelle que vive en la esquina. Las dos niñas se han hecho muy buenas amigas. Michelle es hija única, lo que contrasta marcadamente con nuestra familia. Cuando se visitan una a otra, cada una experimenta algo único. En nuestra casa, Michelle disfruta de interactuar con muchos niños y del caos que parece ser parte de nuestro hogar. Por su parte, Christina adora ir a casa de Michelle para poder jugar a solas con su amiga, sin hermanas ni hermanos.

Y, si bien su relación tiene altibajos, en términos generales Michelle y Christina se ven beneficiadas por el intercambio, por lo que conservan la relación.

EL CHISME JUSTO POR EL CORTE JUSTO

He aquí un intercambio único del que me entere por mi abuela, quien vivió en una comunidad rural durante la mayor parte de su vida. El peluquero local llevaba muchos años cortando el pelo. Aunque sus tarifas eran razonables, el peluquero tenía un cliente al que nunca cobraba. Después de preguntarse durante años porque este hombre no pagaba por sus cortes de pelo, mi abuela pregunto al peluquero, ¿porqué? tenía un cliente al que nunca cobraba. Mi abuela pregunto al peluquero la razón, dado que la conocía bien, después de hacerla jurar su silencio, el peluquero confío a mi abuela su secreto. Existía un intercambio tácito entre el peluquero y este cliente, que conocía *todos* los chismes del condado. Mientras el peluquero le cortaba *lentamente* el pelo, el señor le contaba los chismes mas recientes. Durante el resto del mes, el peluquero divulgaba los chismes al resto de sus clientes, que le eran muy fieles pues también querían saber que pasaba en la comunidad. Todo el mundo salía beneficiado, ¡salvo los protagonistas de los chismes!

COCODRILOS Y CHORLITOS

Podemos también encontrar intercambios beneficiosos en la naturaleza. El chorlito egipcio, mejor conocido como "pájaro cocodrilo," tiene un intercambio interesante con el cocodrilo. El cocodrilo deja que el ave entre en sus fauces y picotee pedazos de comida y garrapatas de sus dientes, como si se tratara de un cepillo de dientes emplumado. El cocodrilo se ve beneficiado por la limpieza de sus dientes; el ave se ve beneficiada por el alimento.

He aquí algunos intercambios cotidianos típicamente humanos: *Si tu preparas la cena, yo lavo los platos. Si coses mi vestido, cuido a tu bebe. Si me rascas la espalda, yo te la rasco a ti.*

Toma un momento para pensar y anotar algunos intercambios que sostienes con tu hijo adolescente.

_____

_____

_____

_____

_____

_____

_____

_____

_____

_____

_____

_____

_____

_____

_____

LOS INTERCAMBIOS SE RIGEN POR REGLAS

Regla del padre:

Si te doy una

habitación, lo menos

que puedes hacer es mantenerla ordenada.

Regla del adolescente:

Es mi habitación y

puedo hacer de ella lo

que quiera.

SEGUNDO PASO:
LOS INTERCAMBIOS SE RIGEN POR REGLAS

En cualquier intercambio entre dos personas, cada una tiene sus propias reglas que rigen los términos del intercambio. Podemos decir esto de cualquier relación que sostengamos. Y, si bien estas reglas resultan aparentes en los intercambios impersonales -- como las transacciones financieras, la compra de un automóvil o la obtención de un crédito--, es más difícil ver las reglas que rigen los intercambios emocionales que tenemos con amigos y familiares. Sin embargo, sea cual sea la relación, las reglas del intercambio siempre están presentes y dirigen la interacción. Estas reglas pueden ser sensatas o desquiciadas, pero sean como sean, gobiernan todas nuestras relaciones y especialmente, las que sostenemos con nuestros hijos adolescentes.

He aquí algunas reglas que he podido observar en la gente que me rodea:

- Si sigues comprándome cosas, seré tu amigo.
- No merezco más que tener relación con personas que me traten como su inferior.
- Si soy el centro de atención, iré a tus fiestas.
- Una vez que has aceptado pertenecer a nuestra institución, tenemos derecho a controlar tu vida.
- El Jefe: "Si disfrutas tu trabajo, trabajaras mas."
  El Empleado: "Si disfruto mi trabajo es que algo muy raro pasa."

He aquí algunas reglas que he observado entre padres bien intencionados y sus hijos adolescentes:

- Te daré todo lo que quieras y, a cambio, debes quererme y respetarme.

- Es la obligación de los padres hacerlo todo por sus hijos.
- Deberías encontrar la forma de deshacerte de tus otros hijos: yo debería ser hijo único.
- Debo criar a mis hijos del mismo modo como me criaron mis padres para tener exactamente los mismos resultados.
- Todos somos hijos del Señor a excepción de mi hijo.
- Debo a mis hijos la posibilidad de que experimenten su transformación en adultos autosuficientes que puedan pensar y actuar por si solos.
- Todo lo que tienen mis padres terminara por ser mío un día.
- Puedo responsabilizar a mis padres muertos de mis fracasos.
- Porque soy tu madre, se que es lo mejor para ti.
- Dado que ustedes son mis padres, tienen la obligación de comprarme un auto nuevo.

MI REGLA PARA DETERMINAR QUE ES LO QUE DEBES A TUS HIJOS

Una de las reglas básicas que rigen mis intercambios con mis hijos es esta: *Creo que una madre--o un padre--debe a su hijo la satisfacción de sus necesidades básicas: alimento, vivienda, vestido, cuidados y cariño. Más allá de esos satisfactores básicos, el resto de las cosas debe ser* negociado por medio del intercambio.

Debido a sus propias reglas personales, he visto a muchos padres dar y dar hasta quedar vacíos, y pese a ello, seguir dando. Sus hijos no parecen pensar en lo que pueden darles a cambio. Se de una madre que da mas que reclamos por lo magro de la cantidad. El respeto debe constituir parte del intercambio. También el aprecio. Esta señora no recibe ni lo uno ni lo otro. Quizás sea su regla la opuesta a la mía. Quizás pueda ser formulada en estos términos: *"Mi hijo debe tener todo lo que quiera y necesite y yo debo sentirme fracasada por no poder ofrecerle más"*.

En este mismo orden de ideas, recuerdo lo que escuche decir a un padre cuyo hijo lo había insultado repetidamente frente a otros en reuniones familiares. Es esta una de las mejores respuestas a un adolescente desconsiderado que haya yo escuchado. El padre, confundido por el comportamiento de su hijo, le preguntó: "Si trataras a tus amigos como me tratas a mí, ¿por cuánto tiempo conservarías su amistad? *La regla del adolescente para cultivar la amistad no aplicaba en su relación con su padre.*

REGLAS ABSURDAS

Las reglas tacitas que rigen algunos intercambios entre padres y adolescentes resultan a menudo tan inequitativas que rayan en lo absurdo. Si pusieras estas reglas por escrito y se las mostraras a algunos padres de familia, les resultaría increíble que cualquier persona cabal incurriera en interacciones tan poco reciprocas. De hecho, probablemente creerían que la gente que pudiera seguir tan torcidas reglas, tendría que estar loca o, sencillamente ser estúpida. Y, sin embargo, ¡esos padres son los *propietarios* de estas reglas!

Observa, por ejemplo, las reglas inequitativas que dominan totalmente estos intercambios padre/hijo:

Entre un padre y un hijo, la regla del adolescente es *"Mi papá me sacará de cualquier problema en el que me meta"*. Para complementar la regla del adolescente, viene la del padre: *"Resolveré cualquier error que cometa mi hijo; es solo un muchacho y necesita empezar la vida con el pie derecho"*. Estas dos reglas que conducen la relación entre padre e hijo han desembocado en un buen número de encuentros interesantes con la policía. No creo que la policía tenga las mismas reglas que el padre o el hijo. La regla de la policía dice mas o menos así: *"Hay que encerrar a este niño consentido e insolente y arrojar la llave de la celda al mar; hay que amordazar al padre y esconderle la cartera: solo así podremos los demás gozar de algo de paz y tranquilidad"*.

Una regla que podemos encontrar con frecuencia en muchos adolescentes es: "Soy yo quien pone las reglas en mi relación con mis padres." Muchas veces he visto a adolescentes creer, que por alguna razón, tienen derecho a tomar las riendas de las cosas, y esperan que sus padres asimilen su agenda. No quiero decir que sus necesidades no deban ser satisfechas o que no deban tener las cosas que quieren pero debe celebrarse un acuerdo de intercambio equitativo entre ambas partes y reconocer que quienes están a cargo de las cosas siguen siendo los padres.

Una amiga mía tiene una hija adolescente que tiene una vida muy agradable. Su relación familiar es relajada, están en buena situación financiera, etc. Las cosas iban de maravilla hasta que el padre quedo desempleado. De pronto, las cosas dejaron de ser color de rosa. La hija nunca había tenido que enfrentarse a la imposibilidad de tener las cosas que quería. Sus padres estaban muy tensos y tenían poca paciencia. Después de varias semanas de conflicto, la hija comenzó a sentirse desadaptada, había aprendido la regla de que todo seria siempre bueno; por tanto, si no lo era, se sentía con derecho a hacer lo que fuera para compensarse, sin importar la forma en que esto afectara a las personas que están a su alrededor. Un día, una amiga de la escuela le dijo que había conseguido algo de mariguana y que quería que la fumaran juntas. Accedió, en la idea de que esto podría ayudarla a lidiar con su problema y que tenia justificación para hacerlo dada su situación familiar. El asunto no hizo sino contribuir a la tensión doméstica, ya que las niñas fueron sorprendidas mientras fumaban la mariguana.

Una de las reglas referentes a la amistad que aplico con mis hijos es que la amistad implica respeto. No utilizo a mis amigos ni les impongo mi voluntad. Mis hijos se cuentan entre mis mejores amigos, pero no los uso como sustituto de mis amigos adultos. Seria una falta de respeto a nuestra relación y a su identidad. No soy su amiga como lo son sus amigos de la escuela. No tengo 16 años y soy su madre. La amistad sin respeto no es verdadera amistad. Sin embargo, si hay respeto, constituye uno de los intercambios más satisfactorios que puedan existir entre tus hijos y tú.

¿TE ATREVES A RESPONDER A UN CUESTIONARIO?

¿Que reglas gobiernan tus intercambios con tu hijo adolescente? O, para ser más exacta, ¿Qué reglas rigen lo que estas dispuesto a hacer por tu hijo adolescente? ¿Qué reglas rigen lo que tu hijo adolescente esta dispuesto a hacer por ti? ¿Qué reglas rigen lo que esperas de tu hijo adolescente? ¿Qué reglas rigen lo que tu hijo espera de ti?

Tomate el tiempo que necesites para responder a las siguientes preguntas ¿Cuáles crees que sean tus reglas para lidiar con tu hijo adolescente? ¿Cuáles crees que sean las de tu hijo para interactuar contigo? Esta lista te ayudara a proseguir con los pasos subsecuentes.

¿Cuáles son tus reglas para lidiar con tu hijo adolescente?

1. _____
2. _____
3. _____

¿DE DONDE SACAMOS ESAS REGLAS?

Todo intercambio supone reglas. Al interactuar o intercambiar en la vida, aprendemos las reglas que rigen nuestro pensamiento. Interactuamos con la familia, la escuela, los medios de comunicación, etc. En tanto padres, nos guste o no, nuestros intercambios con nuestros hijos consisten en enseñarles reglas. Conforme crezcan nuestros hijos tendrán más y más fuentes de aprendizaje. Sin embargo, siempre aprendemos nuevas reglas de nuestros intercambios.

Veamos, por ejemplo, la regla de "hacer cola." Hace años, asistí a un seminario educativo, la mayoría de cuyos asistentes eran mujeres. Antes de iniciar una de las clases, mientras estaba formada en una fila, un hombre que se encontraba delante de mi me sonrío y en comienzo de minutos me pregunto: "¿Que clase es esta?" Sonriendo y tratando de reprimir la carcajada le dije: "Es el baño de mujeres." El asombro, y después la vergüenza total, se apoderaron de su rostro. Al darse media vuelta, farfullo, "Eso me pasa por seguir a mi mujer a todas partes." Pronto se retiro para colocarse en otra fila. *Hacer cola es una regla que todos aprendemos culturalmente; seguir ciegamente a su esposa es lo que este hombre había aprendido de su interacción con ella.*

He visto a muchos padres de niños pequeños hacer todo aquello que creen que beneficiara a su hijo. Los llevan constantemente a encuentros deportivos, prácticas atléticas, lecciones de música, fiestas y películas. Si bien nada de malo hay en ello también hace que los niños aprendan la regla "Mamá o Papá debe dejarme hacer todas las cosas que quiera y esas cosas son las más importantes". Una vez que el niño ha aprendido la regla, ¿qué pasa cuando se convierte en una niña de trece años que quiere salir a pasear con un chico de 17 en su auto nuevo? Aunque los padres vean que, probablemente, esto no vaya a resultar muy benéfico para su hija, la regla de la hija es que sus padres deben permitirle hacer todo lo que desee. ¿Como ayuda un padre a su hijo adolescente a cambiar de regla?

Aprendemos subliminalmente muchas de las reglas que rigen nuestros intercambios. Ver televisión enseña a muchos que *todos los problemas de la vida pueden ser cómodamente resueltos en 30 o 60 minutos.* Los videojuegos enseñan a muchos más que *pueden ser los dioses de su propio universo.* La amistad en la adolescencia puede enseñar a muchos que *sus amigos son los únicos que los valoran.* Y, así sucesivamente, seguimos acumulando reglas mientras avanzamos por la vida y terminamos por expresarlas en nuestras relaciones.

ALGUNAS DE LAS REGLAS QUE RIGEN LOS INTERCAMBIOS ESTÁN OCULTAS

Algunas reglas están bien puestas sobre la mesa: *"Si te doy una* habitación, lo menos que puedes hacer es mantenerla ordenada."

Y otras están ocultas bajo la mesa: "Es tu obligación por ser mi padre; para eso están los padres."

TERCER PASO:
ALGUNAS DE LAS REGLAS QUE RIGEN LOS INTERCAMBIOS ESTÁN OCULTAS

Algunas de las reglas más importantes que rigen nuestros intercambios (relaciones) están ocultas. Ni siquiera somos conscientes de ello. A menudo se trata de sobreentendidos tácitos sobre lo que esperamos de nosotros mismos y de los demás. Cuando los adolescentes, por ejemplo, operan de acuerdo a reglas ocultas, generalmente tienen escasa conciencia de la regla que quizás pueda estar oculta en las profundidades de su inconsciente. O quizás tengan alguna vaga conciencia de la regla oculta pero no la reconozcan como tal. Las reglas ocultas generalmente ejercen mayor poder sobre las relaciones que las reglas que están a la vista de todos. Operan independientemente de cualquier esfuerzo consciente y pueden controlar la relación padre/ adolescente y conducir invisiblemente tanto al adulto como a su hijo a repetir los mismos problemas y conflictos. Estos problemas y conflictos seguirán presentes mientras las reglas permanezcan ocultas.

Cuando yo tenía quince años, por ejemplo, me encontraba constantemente en una situación irresoluble con mi madre. Los sábados, mi trabajo no tenía fin. Mi madre me encargaba tareas como aspirar o doblar la ropa. Yo cumplía con ellas en la esperanza de poder hacer lo que quisiera --por ejemplo ver la televisión-- una vez que hubiera acabado. Sin embargo, cuando *ya* había acabado y estaba sentada en el sofá viendo la televisión, mi madre entraba a la habitación y me asignaba una nueva tarea, responsablemente, yo hacia lo que me ordenaba.

Lo que mas me frustraba es que, por más tareas que realizara, mi madre siempre encontraba un nuevo proyecto que encomendarme. Cuando finalmente llegue al límite, le pedí que me hiciera una lista por escrito de todo lo que quería que hiciera los sábados. Estuvo de acuerdo en que, si terminaba con las tareas de la lista, podía hacer lo que quisiera. Al siguiente sábado, me apreste a hacer todas las cosas que me había encargado y termine antes de lo que ella había previsto. ¿Adivina que paso entonces? Cuando hube terminado y me disponía a salir a jugar, encontró una nueva tarea que asignarme.

Hoy comprendo la regla oculta que regia nuestro intercambio. La regla oculta de mi madre--oculta incluso para ella misma--era que *la gente debía estar siempre ocupada y no perder el tiempo.* Mi forma de pensar se contraponía a su regla: yo creía, que una vez que hubiera terminado con mi trabajo, debía tener la libertad de quedarme contemplando el techo si eso era lo que se me venia en gana. Dado que tuve esta experiencia con mi madre, me esfuerzo por dar a mis hijos el tiempo y el permiso para que expresen lo que piensan de sus intercambios conmigo. También les permito que saquen a la luz *mis* propias reglas ocultas.

¡UNA GOLPIZA A PAPA!

Rob, de 19 años, llevaba un año viviendo solo. Durante su ausencia, su padre, Steve, se había divorciado y vuelto a casar. Steve y su nueva esposa, Tara, invitaron a Rob a vivir con ellos mientras asistía a una universidad comunitaria cercana. Rob acepto la invitación. Steve y Tara pagaban la colegiatura y le daban techo y alimentos. También le regalaron una camioneta *pick-up* y dinero para gasolina, seguro y mantenimiento. Además, Steve contrato a Rob para que trabajara durante los fines de semana en su negocio de construcción. Era este un gran trato para Rob. Sin embargo, conllevaba una regla oculta; Steve participaba activamente en las actividades de su parroquia local. El y Tara esperaban que Rob se comportara como un hijo modelo para que pudieran demostrar a la comunidad su éxito en tanto familia cristiana. Esta era su regla oculta. Rob no tenia idea de que esta regla fuera parte de intercambio. Quizás suponían que lo daría por descontado a partir de los mensajes sutiles que recibía. Steve y Tara, por su parte, probablemente no estaban conscientes de su propia regla.

En consecuencia, Steve y Tara se molestaban por las salidas nocturnas de Rob y sus amigos y porque se negara a asistir a la iglesia con ellos. Rob se convirtió en el blanco de una recitación constante de lo que hacia y dejaba de hacer. Un día, Tara lo confronto e insistió en que asistiera a la iglesia, participara en las actividades familiares y llegara a casa antes de las 10:30 de la noche entre semana. Rob, acostumbrado a ser independiente, se resistió, Steve escucho la discusión y se sumo poniéndose de parte de Tara. Entre mas insistían sus padres, mas enojaba Rob. Finalmente, Rob se enfureció tanto que dio una golpiza a su padre. Steve termino en el hospital, lleno de moretones y con varias costillas rotas. Le tomo semanas recuperarse. Los padres pidieron a su hijo rebelde que abandonara la casa.

Tal despliegue de violencia no era típico de Rob. ¿Por qué estaba tan enojado? Creo que su ira provenía de que las reglas del intercambio estuvieran tan profundamente ocultas que no tenia forma de discutirlas. Por tanto, las cosas seguían en plena ebullición al interior de Rob. Sin poder reconocer o ventilar lo que le estaba sucediendo, Rob exploto. Si Steve y Tara le hubieran dicho claramente que esperaban de él, a cambio de su generosidad, hubiera podido decidir por si mismo y con anticipación, si quería aceptar las condiciones que venían colgadas de sus regalos. Al final de cuentas, su generosidad no era sino un trampa.

Esta historia puede parecer en extremo dura, pero si existen reglas o una agenda ocultas, muchos adolescentes se sienten atrapados. Parecen tener problemas y ni siquiera están seguros de que es lo que han hecho. Esto es lo que hace que este paso sea tan valioso para tener una relación funcional con tu hijo. Te da una herramienta para ver donde pueden tener su origen conflictos y "rebeliones."

LA FAMILIA DE LA TERAPEUTA FAMILIAR

Cynthia, psicoterapeuta que de vez en cuando ofrece ponencias en seminarios sobre paternidad, es madre de dos hijas adolescentes. Su regla oculta es que *los padres deben dar, dar y dar a sus hijos.* Su nuevo marido, Ray, quien se enfrenta por primera vez al papel de padrastro, opera con una regla oculta similar: *"Quiero caer bien a mis hijastras para poder darles lo que quieran, cuando lo quieran".* Las niñas vivían como princesas: viajes a México, viajes a Disney World, bonita ropa, mucho dinero en el bolsillo.

Una noche, las niñas llegaron a casa con dos novios de apariencia ruda y pidieron algo de dinero y las llaves del automóvil. Su intención era comprar alcohol y emborracharse con sus amigos. Ray les entrego las llaves de su auto nuevo, saco un gran fajo de billetes de su cartera y las despidió con las palabras "Regresen antes de que amanezca" (y no era broma.) Las niñas sufrieron un accidente automovilístico esa noche. Afortunadamente, nadie resulto gravemente herido; sin embargo, el auto quedo destrozado.

Cynthia aun se presenta profesionalmente como experta en problemas familiares, a pesar de que la vida de sus propias hijas este totalmente fuera de control. La estrategia oculta de Ray-- hacer que las niñas lo quisieran--fracaso. Una hijastra se fue a vivir sola; la otra regreso a casa de su padre. En este intercambio, los padres habían asumido tontamente la responsabilidad de las consecuencias de la conducta de sus hijas y las hijas se aprovecharon egoístamente de las reglas ocultas excesivamente generosas de sus padres. Al final de cuentas, ni los padres ni las hijas lograron tener lo que verdaderamente necesitaban.

"AL RATITO!"

Una de las razones por las que las reglas que rigen una situación se mantienen ocultas es que la gente muchas veces disfraza sus intenciones. La verbalizacion de las intenciones muchas veces confunde la lectura de las reglas. Me explico: ¿cuántas veces pide un padre a su hijo que se ocupe de una tarea menor --como tirar la basura-- solo para escucharlo responder "!Al ratito!"? Estoy segura de que la mayoría de los padres ha vivido esa experiencia. La verbalizacion de la intención del hijo es que realizara la tarea en algún momento del futuro; en tanto los padres, tendemos a creer que quiere realizar la tarea jamás, y si la posponen, quizás puedan deshacerse de ella. En tanto padres, percibimos la regla de nuestros hijos adolescentes como si estuvieran dispuestos cuando lo cierto es lo contrario.

Recientemente visite a una amiga y platicamos de este proceso. Me contó de un amigo suyo que estaba teniendo muchas dificultades con su hijo, quien acababa de terminar su primer semestre universitario. Aparentemente, las calificaciones de este joven no eran demasiado buenas y asistía a demasiadas fiestas y bebía en exceso. El padre daba al hijo todo lo que este quería: un auto nuevo, un apartamento, dinero, etc. Al preguntar mi amiga al padre porque era tan generoso con su hijo, este contesto que no sabia que otra cosa hacer. Se sentía muy culpable por no pasar suficiente tiempo con su hijo y quería compensarlo de algún modo. Una vez más, la verbalización de la intención ocultaba la verdadera agenda. Si el padre quería sinceramente resarcir a su hijo por no pasar suficiente tiempo con él, ¿por qué no pasar más tiempo con él? Si el padre no puede o no esta dispuesto a pasar mas tiempo con su hijo, ¿por qué no le dice sencillamente que no tiene tiempo para estar con el y que no puede ofrecerle mas que dinero?

No te dejes engañar por las verbalizaciones de las intenciones. Podrás leer mejor las reglas de la gente si observas sus actos más de cerca que si confías en lo que dicen hacer.

UNA VOCACIÓN MAS NOBLE QUE CUALQUIER MAMA

La semana pasada fui a comer con una de mis hermanas. La platica pronto giro en torno a los hijos. Me contó de su hijo de 18 años, Jacob. Jacob es un buen chico; tan bueno, de hecho, que constantemente realiza trabajo religioso voluntario, ayuda a cualquiera que lo necesite y asiste a la universidad comunitaria local. También se enorgullece de tocar en un grupo de rock. El problema, de acuerdo a mi hermana, es que Jacob nunca se ocupa de los quehaceres de la casa. Cuando ella le pide ayuda, el la ignora. Finalmente, mi hermana termino por decirle: "Si tan solo pones la ropa sucia en el cesto, yo te la lavo." ¡No puedo! fue su respuesta. Cuando finalmente logro sentarse con él y preguntarle por qué, le respondió: "Ahora que tengo 18 años, ya no tengo que ayudar. Además, toco en una banda de rock y estoy muy ocupado en cosas mas importantes."

Estas son las reglas ocultas de Jacob. Ya que ahora es un "adulto," no necesita ya ayudar (al menos no en casa). Ahora es tan importante que su tiempo es más valioso que el de su madre, quien tiene un trabajo de tiempo completo y cuatro hijos más. Jacob hace grandes cosas. Ayuda a tanta gente que no tiene tiempo para ayudar a los de su casa. Ahora que mi hermana sabe cuales son sus reglas ocultas, puede comenzar a lidiar con Jacob en la realidad y no en el mundo de la ilusión. Puede comenzar a diseñar intercambios equitativos independientemente de su edad o de sus compromisos.

LAS REGLAS RIGEN LAS RELACIONES

Estas historias muestran la forma en que la gente sigue sus propias reglas, ocultas o no. Estas reglas son lo que rige la mayor parte de los comportamientos y rara vez se preocupan de que los intercambios con los demás sean equitativos. El siguiente apartado de este libro te enseña a diseñar nuevas reglas e intercambios que beneficiaran la relación entre tu y tus hijos.

PON TODAS LAS REGLAS SOBRE LA MESA

Pon todas las reglas sobre la mesa…y
habla de ellas.

Las reglas ocultas pueden sabotear tu meta de sostener una relación efectiva con tus hijos adolescentes.

CUARTO PASO:
PONER SOBRE LA MESA TODAS LAS REGLAS
(OCULTAS O NO) QUE GOBIERNAN UN INTERCAMBIO Y SIEMPRE LO MODIFICAN

Mientras las reglas permanezcan ocultas, controlarán la relación, generalmente de tal forma que se produzca un conflicto. Si quieres una mejoría inmediata de tu relación con tu hijo adolescente, lo que debes hacer es sacar todas las reglas ocultas a la luz. Una vez que estén a la vista de ambos, deben examinarlas, reírse de ellas (si resulta apropiado) y modificarlas (si es necesario.) Los beneficios resultantes serán mayores de lo que puedes imaginar.

Algunas de las reglas que emplean los adolescentes en su relación con sus padres son bastante absurdas. Si las examinas de cerca, muchas de tus reglas paternas son también bastante tontas. Recuerda que en ocasiones las reglas mas tontas y potencialmente nocivas son aquellas de las que no estamos conscientes. El siguiente ejemplo, extraído de la familia de un amigo cercano, ilustra lo que digo:

Cuando David tenía alrededor de trece años, adoptó la práctica de objetar cualquier cosa que no le resultara conveniente. Invariablemente, su objeción contenía las palabras "!No es justo! !Siempre tengo que esforzarme mas que mis hermanos!" Lo mismo sucedía cuando se dividían los dulces entre los niños: "!no es justo! !Les toco mas helado que a mí!" Tenía una regla oculta. Si tenia mas cosas o trabajaba menos que alguien, no había problema alguno; pero si tenia menos cosas o trabajaba mas que otro, no era justo. No lograba ver, que a largo plazo, los piares y las cargas de trabajo tienden a ser distribuidas de manera favorable. Su padre se sentó con el y le ayudo a identificar su regla para que pudiera examinarla. Sacaron a la luz la regla oculta. Una vez que el y sus hermanos vieron lo tonta que era la regla, desistió de ella. Nunca volvió a decir "¡No es justo!"

Al poner las reglas sobre la mesa, donde todo mundo puede verlas, es posible lidiar en forma clara con lo que sucede en casa. Muchos padres de adolescentes se frustran cuando tratan de resolver problemas. Muchos ni siquiera están seguros de porque les resulta tan difícil (no lo era tanto cuando su hijo era un niño, ¿o sí?) Del mismo modo, la mayoría de los adolescentes son totalmente inconscientes de lo que piensan sus padres y, lo que es mas, no quieren saberlo. Sin embargo, este Cuarto Paso fortalece a todo mundo. Tanto el padre como el adolescente pueden ventilar reglas o problemas ocultos.

HOSTIGAMIENTO COMERCIAL

El Cuarto Paso puede ayudar a resolver problemas rápidamente. He sido testigo de muchas escenas en que los hijos no obtienen lo que querían y culpan al padre. Quizás pienses que estas haciéndoles un favor o ayudándolos pero se muestran mas molestos que si te hubieras quedado de brazos cruzados. Permíteme darte un ejemplo de cómo puedes hacer que este tipo de interacción sea más positivo.

Me encanta asistir a ventas de *garage* y he logrado que mis hijos piensen lo mismo dado que les ha quedado claro que su dinero rinde mas ahí que en las tiendas. Hace unas semanas, mi hija "adolescente" de diez años me pregunto si ella y su amiga podían acompañarme de compras. Accedí y emprendimos el camino. Nos detuvimos en unas cuantas ventas y después en una que resulto muy peculiar. La vendedora veinteañera parecía salida de MTV. Las primeras palabras que emergieron de su boca iban dirigidas a las dos niñas que me acompañaban: "¿No les gustaría verse muy sensuales?" Entonces procedió a mostrarles incontables *halters, shorts* (un curita las hubiera cubierto mas), *tops* (un curita las hubiera cubierto mas) y toda una serie de prendas que hubieran

Un Secreto Para Criar Hijos Responsables

hecho las delicias de una encueratriz. Las niñas babeaban. La vendedora se volvió hacia mi y me dijo: "Usted es una de esas mamas que quiere que sus hijas se vean lindas, ¿verdad?" Lo único que pude escuchar a continuación fue: "¿Puedo, mami? ¿Puedo?"

Entonces comencé a informar a todo mundo que yo no era "una de esas mamas" y que no quería que mi hija luciera ese tipo de ropa. Inmediatamente, me vi, envuelta en un problema. Mi hija se sentía apenada y molesta, y por tanto, decidió castigarme por mi desconsideración. Estaba cruzada de brazos y musitaba palabras de ira.

En otra época, esta escena hubiera culminado al volver a casa con mi hija sintiéndose enojada y yo culpable. Sin embargo, no termino axial. Me referí a nuestro intercambio en el lugar mismo del conflicto. En cuanto mi hija comenzó a decirme que hacia mal, le pregunte "¿Quién accedió a traerte? ¿De quién es el automóvil en el que venimos? ¿Quién paga la gasolina? ¿Quién te ha comprado cosas toda la mañana?"

Tras haber hecho referencia a todo lo que había hecho por ella, le pregunte porque era yo la que tenía un problema. Inmediatamente, la actitud de mi hija cambio, "No te preocupes," me dijo, "No necesito esa ropa. Estoy bien". Regresamos a casa mucho más felices que si no hubiera aludido a las reglas.

El éxito del episodio antes referido proviene de una sola idea: saca las reglas a la luz. Ponlas en un lugar en el que no puedan ser ignoradas o evitadas, en el que conduzcan a asumir responsabilidades. En nuestro hogar, esto ha logrado trasformar los comportamientos negativos en actos positivos. Incluso un intercambio aparentemente pequeño puede ayudar a los niños a no perder el piso, lo que puede resultarles muy útil mas adelante. La siguiente historia ocurrió a una amiga MIA que se percato de que poner en evidencia una agenda secreta podía modificar una relación cercana.

ANZUELO MATRIMONIAL

39

Maggie estaba saliendo con un joven que tenía muchas ganas de casarse. Ella le dejo muy en claro desde un principio que solo quería salir sin compromisos a largo plazo. Un día fueron de compras. Maggie vio un aparato costoso para hacer ejercicio que había deseado tener durante mucho tiempo. Se lo dijo a su amigo, quien se ofreció a comprárselo. Mientras tanto, le pedí que fuera mi "conejillo de indias" en la práctica de mi nuevo seminario. Cuando comencé a enseñarle lo relativo a las "reglas ocultas," su mente se ilumino. Se percato de que su amigo tenía una agenda secreta. Solo le daría el aparato para hacer ejercicio si se casaba con el. Nunca le dijo esto cuando lo compro; solo le dijo que era para ella. Poco después lo confronto con su agenda secreta. El no supo que decirle. Dio vueltas alrededor del tema e incluso lo negó. A los pocos días termino la relación (y jamás le dio el aparato para hacer ejercicio).

LA REGLA OCULTA MAS PELIGROSA: NEGAR LA VERDADERA REGLA QUE SE IMPONE

Puede resultar muy peligroso, que en una relación padre/adolescente, el padre trate de negar la *verdadera* regla que impone. Un enfoque basado en el intercambio solo puede funcionar de arriba hacia abajo: de jefe a empleado, de padre a hijo. No funciona de abajo hacia arriba. Los padres definen las reglas de la mayoría de los intercambios. Los padres ocupan naturalmente la posición de poder. Si un hijo ve que sus padres son injustos en el intercambio o que no dicen la verdad u ocultan su verdadera intención, se siente frustrado e incapaz de cambiar las cosas. Si el hijo no esta siendo honesto, el padre puede lidiar con el problema y resolverlo debido a su posición.

Recientemente fui a visitar a un adolescente en problemas y a su madre. El adolescente trataba de expresar en que consistía el problema entre ambos. Explico que su madre lo contradice en la mayoría de las situaciones. La madre inmediamente replico que eso no era cierto, negó con sus propias palabras el acto mismo que cometía ¿Qué puede hacer este adolescente? No esta en posición de modificar o incluso de hablar de la verdadera regla. Esta atrapado. Es por ello que una regla oculta, especialmente si es de los padres, puede ser tan contraproducente a la promoción de cualquier cambio valioso.

UN PROCESO QUE PRODUCE RESULTADOS

Puedes lograr resultados notables si ayudas a tus hijos a comprender las reglas ocultas de los intercambios. Hace algunas semanas, tuve que trabajar horas extra. Por lo tanto, mis hijos adolescentes se vieron obligados a ayudarme más en la cocina y en el cuidado de los mas pequeños. Cuando llegó el día de paga, les dije: "Vamos a comprar la ropa que necesitan para el verano". Compre a cada uno de mis hijos una o dos prendas que necesitaban. En cuanto accedí a comprarles algo, me colmaron de agradecimientos. Quizás haya escuchado la palabra "gracias" unas treinta veces. Entonces aludí al intercambio que me permitió llevarlos de compras: "Si les puedo comprar esta ropa," les dije, "es porque trabaje horas extra, y si pude trabajar horas extra, es porque todos me ayudaron al hacer el trabajo domestico que normalmente yo hago. Si ustedes me ayudan, yo los ayudo."

Al darse cuenta del funcionamiento de los intercambios, mis hijos saben que las cosas que les doy tienen un costo. No me piden que les compre ropa porque soy su mamá. Se sienten agradecidos de que haya trabajado horas extra para darles la ropa que querían. Si recurres a este proceso, tu también puedes hacer de tus hijos adolescentes personas mas conscientes y agradecidas.

UN INTERCAMBIO SENCILLO: EL AGRADECIMIENTO

Una compañera de trabajo invito a una de mis hijas a salir con su familia a un día de campo. Tienen una hija de la misma edad de la MIA. Dias después, mi amiga y su marido me dijeron que mi hija era muy cortes y agradecida. Nunca habían conocido a una chica que mostrara tanta gratitud. Incluso les había manifestado su preocupación de que estuvieran gastando demasiado en ella.

Evidentemente, lo que me dijeron me hizo sentir bien. Estoy orgullosa de mis hijos, podría decir que si son así, es por genética o porque son gente maravillosa. Pero se que haber hecho a mis hijos conscientes de los intercambios y los costos ocultos los ha hecho ser mas agradecidos de lo que tienen y querer dar más a cambio a los demás.

Cuando imparto mis seminarios, a menudo los padres me preguntan como puedo esperar que mis hijos se comporten así, si todos sus amigos siguen reglas distintas. Algunas personas incluso me han preguntado, si, cuando están presentes sus amigos, mis hijos no se sienten apenados por lo diferente que es nuestra familia. Creo que mi respuesta asombra. Muchos de los amigos de mis hijos pasan mas tiempo en nuestra casa que en la suya propia. Nos divertimos mucho y nos llevamos bastante bien. Cuando este proceso basado en el intercambio funciona, comienza a hacerse cada vez más natural. Mis hijos no se privan de cosa alguna; sencillamente comparten la responsabilidad de asegurarse de tener los placeres que quieren.

RECONOCIMIENTO DE LOS INTERCAMBIOS QUE LOS RODEAN

La conciencia cambia las cosas. Mis hijos están más conscientes de los intercambios que tienen conmigo. Han aprendido a estarlo debido a que constantemente sacamos las reglas de los intercambios a la luz; así mis hijos no pueden ignorar lo evidente: Deben hacer algo a cambio de lo que les doy. Deben ser parte del intercambio, aunque solo sea para decir "Gracias."

CONCÉNTRATE EN HACER QUE LOS INTERCAMBIOS FUNCIONEN

Padre   Adolescente

CONCENTRA tu
atención en que el
intercambio funcione.

NO CONCENTRES
tu atención en
cambiar a tu hijo

Ocúpate solo de mejorar los
intercambios que tienes con tu hijo,
no de cambiarlo como persona.

QUINTO PASO:
CONCÉNTRATE EN HACER QUE LOS INTERCAMBIOS FUNCIONEN

Muchos padres tratan de resolver los problemas que tienen con sus hijos tratando de cambiarlos. Por ejemplo, una madre cuyos hijos adolescentes tienen habitaciones desordenadas, podría tratar de hacer que fueran mas ordenados, podría lógralo por medio de sermones que les recordaran lo que deberían hacer y como deberían actuar. Esta madre terminaría por sentirse frustrada y decepcionada, dado que su táctica no funcionaria. Paralelamente, los adolescentes se sentirían amenazados y terminarían por cultivar resentimientos. Sin embargo, si se concentran en el *intercambio* que subyace a la regla de ordenar la habitación--en lugar de concentrarse en el hijo--los padres pueden tener cuartos más limpios e hijos más felices.

El Quinto Paso me ha ayudado inmensamente a lidiar con adolescentes a la luz de una gran variedad de asuntos. Mi carga como madre se ha hecho mas ligera, ya que no me veo obligada a sermonear o regañar: mi trabajo no consiste en cambiar a mis hijos. Ellos--y no yo--son responsables de lo que hagan y de aquello en lo que se conviertan. Y ellos se sienten mas felices, dado que cada uno es libre de ser como mejor le parezca, sin preocuparse por mi aprobación o mi desaprobación. Nuestras interacciones consisten sobre todo en desarrollar intercambios que nos sean mutuamente beneficiosos. Los resultados son increíbles. He aquí un ejemplo.

LA REGLA DE LAS OREJAS PERFORADAS

La regla por la que me guío cuando mis hijas quieren que las orejas les sean perforadas es: "Puedes tener las orejas perforadas cuando seas lo suficientemente grande y responsable como para cuidártelas." Me demuestran que lo son por medio de su responsabilidad para bañarse, cuidarse el pelo, etc., sin que yo se los recuerde. Les hago saber que las visitas al médico para curarles las infecciones saldrán de su bolsillo, a menos que quieran que las perforaciones se les cierren.

Linda, de catorce años, se hizo perforar las orejas sin consultarme primero; no era este un problema grave, dado que estaba consciente de la regla. Pronto quiso más perforaciones a lo largo de las orejas, en el área del cartílago. Le recordé la regla y le informe que las perforaciones en el área del cartílago aumentaban el riesgo de, el lóbulo. Es cierto que no quería que mi hija llevara diez aretes en cada oreja pero ignore mis deseos y me concentre en este intercambio.

Si me hubiera concentrado en ella en vez de hacerlo en el intercambio, nuestra discusión hubiera devenido en pleito sobre su apariencia. Mi desaprobación hubiera sido percibida como incapacidad mía para quererla y aceptarla tal como es. Al concentrarme en el intercambio, evite todo eso. Me negué a permitirle hacerme pagar las consecuencias de una decisión poco sensata. Supo que la responsabilidad total de la elección seria suya. Y decidió no someterse a perforaciones adicionales.

Siempre juzga tus intercambios, no a tu hijo. Lo que es más, comienza por el valor del intercambio y no a tu hijo en términos personales. Si bien hay momentos para intercambio debes concentrarte solo en él. Quizás esto del proceso resulta muy benéfico para construir una relación fuerte entre tu hijo adolescente y tú. Permíteme darte algunos ejemplos.

GROSEROS ASPIRACIONALES

Una mañana de sábado, estaba limpiando la casa y ayudando a Andy, mi hijo de cuatro años, a ordenar sus juguetes. Alzo en sus brazos más juguetes de los que podía transportar. Antes de que pudiera guardarlos en la caja que destinaba a ese fin, los juguetes cayeron al suelo. Entonces, espeto un par de malas palabras que nunca le había escuchado pronunciar antes. Horrorizada por esas palabras, él respondió inocentemente "Esta bien, mama" y siguió recogiendo sus juguetes.

Después de realizar una pequeña labor de investigación, descubrí de donde había sacado su nuevo vocabulario. Los culpables eran su hermano mayor, Paul, y sus amigos. Al parecer, algunos de los amigos adolescentes de Paul habían empleado palabras subidas de tono cuando vinieron a casa a jugar en la computadora, Andy andaba por ahí, y a los grandes, los imito.

Hable con Paul, le ofrecí un intercambio y aclare las reglas de este: "Puedes usar la computadora si tus amigos no utilizan ese tipo de palabras por aquí. Ustedes están enseñando a Andy a decir groserías y ahora a él le parece muy bien hacerlo. Si siguen viniendo tus amigos, tengo que limpiar el vocabulario de Andy. O dejan de decir groserías o no pueden volver a usar mi computadora."

No tuve que pelearme con Paul o que regañarlo por ser un mal ejemplo o por tener amigos deplorables. Me concentre en el intercambio. Y, ¿adivina qué? Funcionó. Paul asumió la responsabilidad de corregir el problema e informo de sus nuevas reglas a sus amigos. Yo no tuve que hacer cosa alguna. El vocabulario de Andy pronto volvió a ser el cualquier niño de cuatro años. Resolvimos la situación fácilmente, sin regaño alguno.

COSAS DE MARCA: EL OBJETO DE SU DESEO

Tener un trabajo de tiempo completo me permitió comprar cosas bonitas para los niños por primera vez en mucho tiempo. Juliana, de 16 años, se sintió especialmente complacida con los zapatos "Dr. Martens" que le compre. En lo que a mi respectaba, sin embargo, mi doble responsabilidad de madre divorciada y proveedora me había hecho sentir apabullada. Los niños hacían cada vez menos por ayudar en casa y la carga que yo llevaba a cuestas era demasiado pesada. Reuní a los niños y les explique lo que sentía, les dije que necesitaba más ayuda con los quehaceres domésticos. Necesitaba que los hicieran sin que yo se los recordara. Pude ver muy rápido que lo que les decía no les hacia demasiada gracia.

Juliana estaba bañada en lágrimas y me dijo: "Es injusto que tengamos más tareas domésticas solo porque tu decidiste buscar un trabajo" (esa era su regla oculta.) Entonces le pregunte de donde creía que salía el dinero para comprarle el tipo de zapatos que traía puestos. Entonces añadí: "Claro que podría renunciar al trabajo y ser ama de casa de tiempo completo, pero si lo hago, no habrá mas Dr. Martens."

Juliana se percato de que tener los zapatos que le gustaban tenia un costo, de modo que ahora paga parte de ese costo haciéndose participe del intercambio. Estuvo de acuerdo en ayudar con los quehaceres domésticos. Al concentrarme una vez mas en el intercambio, mi problema se resolvió en forma positiva, sin tener que dirigir palabras negativas a mis hijos. Este proceso funciona muy bien ya que aumenta la conciencia que los adolescentes tienen de los costos: pagan parte de esos costos y aprenden a ser mas responsables con lo que reciben.

DOS OBSESIONES DISTINTAS: LA LUCHA LIBRE Y LAS DUCHAS LARGAS

Mi hija Emily es admiradora de la Federación Mundial de Lucha Libre. Yo no lo soy. No obstante, esa es cosa suya. Yo le permito hacer sus propias elecciones, siempre que no sean nocivas para ella y que no haya terceros obligados a pagar un costo. Sin embargo, necesito de un intercambio cuando quiere ver lucha libre en la televisión que yo compre o cuando quiere ver canales de televisión por cable que yo pago o hacer uso de mi acceso a Internet. El intercambio que le pido es que no se aísle en el mundo de la lucha libre. Debe interactuar con la familia y conmigo para poder usar estas cosas. ¡Nuestro intercambio funciona de maravilla!

Seguramente, muchos padres lectores ya funcionan de acuerdo a estos mismos principios. Muchos de los que asisten a mis seminarios me dicen que nada de nuevo hay en esto, a no ser que ahora están más conscientes de lo que hacen y pueden ayudar a sus hijos a estarlo también. La conciencia es la clave, especialmente para los adolescentes. Es esto lo que ayuda a construir la responsabilidad. La siguiente historia te mostrara como los adolescentes pueden hacerse responsables de lo que quieren en lugar de molestarse porque no todo salga como ellos quieren.

Mi hija Juliana adoraba tomar largas duchas antes de ir a la escuela por la mañana cuando tenía 16 años. El problema no estribaba en que quisiera darse duchas largas sino en que éramos ocho en casa y solo teníamos un baño. En las mañanas, todo mundo necesitaba utilizar el baño. Y todo mundo se quejaba conmigo, en busca de una solución.

Mi primera inclinación fue a reprenderla por ser tan egoísta y desconsiderada. Sin embargo, al seguir con la regla de los intercambios, le encomendé la responsabilidad de pensar en una solución. Así fue, ya que la cortina de la regadera no era trasparente, estuvo de acuerdo en dejar abierta la puerta del baño para que la familia pudiera usarlo. La idea funciono y todo mundo pudo tener lo que quería. Dado que tengo cinco hijas, se que ésta, no fue una decision fácil para una chica de 16 años. Pero así pudo tener lo que quería.

EL DEPOSITO DE 100 MIL DÓLARES

La última historia que ilustra el concepto de concentrarse en el intercambio y no en la persona es una que mi amigo Steve me contó sobre él mismo y su hijo. Steve descubrió que si ponía sobre la mesa las reglas ocultas y se concentraba en los intercambios podía obtener lo que deseaba de su relación con su hijo adolescente:

Mi hijo de 16 años comenzó a salir con un grupo de chicos que no parecían ser el tipo de amigos con los que normalmente salía. Después de pasar algún tiempo con ellos, comenzó a meterse en problemas. Esto resultaba muy atípico en él: nunca había sucedido antes. Las cosas crecieron al punto de que robo unos *jeans* Levi's sobre los pantalones que llevaba, comenzó a correr y, tras él, el guardia, cuando mi hijo salto una barda, desgarro los *jeans.*

Mi problema como padre era doble. El primero consistía en que no quería que mi hijo tuviera ese tipo de amigos porque me daba cuenta donde terminarían. El otro problema era que yo tenía que pagar un costo por los amigos que había elegido. Tenía que lidiar con la policía en la entrada. Me quedaba despierto hasta bien entrada la noche preguntándome cuando llegaría a casa y en que estado. Ya que mi sugerencia de que, como no me gustaban sus amigos, debía hacerse de unos nuevos no hizo sino reforzar su determinación de conservar a los que tenia, me percate de que debía recurrir a un enfoque distinto.

Vivíamos en una comunidad rural donde mi hijo trabajaba para un agricultor local. Ya que nuestra familia había vivido ahí durante muchos años, el banco dio a mi hijo una tarjeta de cajero automático. Un día, decidió impresionar a sus amigos utilizando la tarjeta frente a ellos. Quedaron debidamente impresionados, dado que ninguno de ellos contaba con una tarjeta y que éstas, eran relativamente nuevas por aquella época. Mi hijo decidió impresionarlos aun más y hacer un depósito de 10 dólares, pero dado que sus amigos lo animaban, rápidamente llego a los 100 mil. Todos pensaron que la broma era maravillosa.

Al día siguiente, el banco nos llamo para averiguar que había ocurrido. Finalmente, terminaron por hacer un cargo de $20 dólares por servicio a la cuenta de mi hijo; originalmente, no tenía sino $23.34; Constituía éste, un gran momento para sacar a la luz las reglas ocultas de sus amigos. Ahora comenzaba a ver que solo seguirían siendo sus amigos mientras hiciera cosas que lo meterían en problemas.

Le pregunte si tener ese tipo de amigos valía la perdida de sus ahorros. Me respondió que no. Finalmente comenzó a ver que el costo era demasiado grande y que debía hacerse de nuevos amigos.

Nunca volví a decirle cosa alguna pero me percate de que, despúes de esta experiencia, los amigos de mi hijo comenzaron a cambiar y también el.

UNA HERRAMIENTA EFICAZ PARA AYUDARTE A LIDIAR CON TU HIJO ADOLESCENTE

Espero que las historias precedentes te hayan demostrado lo que quiero decir por concentrarse en hacer que los intercambios funcionen en lugar de intentar continuamente hacer cambiar a tu hijo adolescente. A pesar de que estas no son sino meras historias, he visto a padres en situación similar concentrarse directamente en los hijos y no llegar a solución alguna.

En mi casa, he resuelto fácilmente las mismas situaciones y he mejorado mi relación con mis hijos adolescentes. He visto a mis hijos asumir responsabilidades en lugar de enojarse. La carga que llevo a cuestas se ha aligerado y mi amistad con mis hijos crece continuamente.

LOS BENEFICIOS DEL INTERCAMBIO CON TU HIJO ADOLESCENTE

Hasta ahora, te he dado un proceso de cinco pasos que puedes utilizar para interactuar con tus hijos adolescentes. En primer lugar, debes darte cuenta de que toda relación es de intercambio y, en segundo, de que todo intercambio esta regido por reglas. Algunas de las reglas que rigen los intercambios están ocultas. Necesitas poner todas las reglas sobre la mesa y, finalmente, concentrarte en que los intercambios funcionen.

Ahora bien, la verdadera sorpresa reside en los beneficios ocultos de aplicar estos pasos. Eso es parte del "secreto." No solo dispones de herramientas eficaces para resolver problemas difíciles sino que tus hijos adolescentes terminan por cambiar positivamente en el proceso. Veamos algunos de estos beneficios ocultos.

MAS RESPETO MUTUO

Uno de los increíbles cambios que he atestiguado en mis hijos es el mayor respeto que tienen, no solo por mí, sino por sus propios hermanos. Ya que ahora son totalmente conscientes de que una persona paga un precio por lo que necesita y obtiene, mis hijos se esfuerzan mas por ayudarse entre si. También se tienen más consideración entre sí. Siempre muestran gratitud por las cosas que hago por ellos ya que ahora saben que no *tengo* porque hacerlas. ¡La conciencia es lo que marca la diferencia!

Ahora que lo piensas, ¿no crees que las personas son generalmente mas amables contigo cuando tienes algo que desean? Si alguien tiene algo que necesitas, seguramente no querrás ofenderlo deliberadamente, ¿o sí? Eso es lo que sucede en nuestra casa. Todos queremos que la situación funcione y todo mundo esta consciente del impacto que tiene sobre ella.

En ocasiones, criar hijos es como tratar de cruzar un gran lago a bordo de una pequeña embarcación. Todos los tripulantes necesitan esforzarse en conjunto para llegar a buen puerto. Conozco algunas adolescentes capaces de pegar de brincos con tacones altos en esa barca debido al enojo que les causa tener que ayudar. Tanto los hijos como los padres deben darse cuenta de que la familia se encuentra atrapada en esa pequeña embarcación, solo si todos reman al unísono podrán llegar a la otra orilla.

MAYOR AUTOESTIMA

¿Qué adolescente no se vería beneficiado por un poco más de autoestima? Al involucrarse tus hijos en intercambios operantes, experimentan una sensación de éxito. Mis hijos tienen más confianza en sus elecciones y en ellos mismos. La responsabilidad se convierte en realidad cotidiana y no en un concepto nebuloso del que hablan los adultos.

Recientemente, ha habido una gran discusión en los medios de comunicación sobre la idea de que los padres asuman la responsabilidad de sus hijos y de los actos de estos. Mas bien, quizás los padres deban asumir un papel mas activo para ayudar a sus hijos a hacerse responsables ellos mismos de lo que hacen. Al hacerse conscientes del precio que pagan por sus actos y de los intercambios en que deben participar para pagar ese precio, quizás los chicos se sientan cada vez menos inclinados a ser irresponsables.

... Y UNA CARGA MENOS PESADA PARA TI

No conozco un solo padre de familia que no quiera que su carga aminore. Criar hijos, especialmente adolescentes, es un trabajo difícil. Cuando estaba estudiando y llevaba a cuestas una enorme carga, me percate de que mis hijos eran los únicos que me ayudaban a aligerarla. Después de todo, si la carga era tan pesada era por ellos. Así, les delegue muchas de mis tareas cotidianas. No tenía alternativa. Sin embargo gracias a esa experiencia, aprendí a usar una herramienta valiosa --los intercambios-- que puede ayudar a cualquier padre. Saber que sus hijos adolescentes contribuyen activamente a resolver problemas, a menudo produce una gran sensación de alivio a los padres sobrecargados. Y MAS.

Sigo descubriendo más beneficios ocultos que resultan de utilizar este dinámico enfoque gerencial con mi familia. Trabajar con el es un procedimiento en curso. Ya que mis hijos adolescentes aun logran generar nuevas situaciones que requieren de diferentes intercambios, aprendo constantemente formas innovadoras de utilizar al sistema con mayor eficacia.

CAMBIA A UN ENFOQUE BASADO EN EL INTERCAMBIO

Un enfoque basado en el intercambio para lidiar con los adolescentes puede eliminar las luchas de poder emocionales que libran tus hijos y tú. Puedes negociar con tus hijos adolescentes intercambios que beneficien a todos los involucrados. Criar a un adolescente puede, entonces, volverse mucho más sencillo.

Si utilizas este enfoque, no estarás tratando de "controlar" a tus hijos adolescentes. Todo lo que necesitas es controlar tu parte del intercambio para beneficio de todos. Este nuevo tipo de relación entre tus hijos adolescentes y tú, constituye lo que llamo *relación basada en el intercambio.* Como ya lo dije más arriba, toda relación se basa en intercambios, estés consciente de ello o no. En una relación basada en intercambios, tus hijos adolescentes y tú concentran deliberadamente la atención en hacer que sus intercambios individuales funcionen.

Memoriza o anota los cinco pasos que definen el enfoque basado en el intercambio. Puedes también anotarlos en una tarjeta y pegarla en un lugar visible para que los puedas ver todos los días.

¡RECUERDA!
Principios basados en el intercambio

1. Toda relación es de intercambio
2. Los intercambios están regidos por reglas.
3. Algunas de las reglas que rigen los intercambios están ocultas.
4. Pon todas las reglas sobre la mesa.
5. Concéntrate en hacer que los intercambios funcionen.

Cuando estabas consolando a
Ese bebe en tus brazos,
¿Pensaste alguna vez que un
Día crecería y te respondería?

HAZ EL CAMBIO CON TU HIJO ADOLESCENTE

El otro día, mientras cambiaba de canal en la televisión, vi al menos cinco comerciales que anunciaban productos para perder peso. Cada uno decía tener la respuesta mágica para cualquiera que quisiera adelgazar. Uno prometía, incluso, que "¡Este es el milagro que siempre has esperado!"; Pensé que si estos programas son tan buenos y han funcionado para tanta gente, ¿por qué no hay más gente pierde peso (yo incluida)?

La respuesta, concluí, es que existen costos vinculados a la pérdida de peso que la gente no esta dispuesta a pagar: solo se permite comer ciertos alimentos, hay que hacer ejercicio, hay que beber te, etcetera. Personalmente, he descubierto que lo que mejor me funciona es una dieta a base de proteinas. Me permite perder peso con rapidez y me hace sentir bien. ¿Por qué, entonces, no la hago todo el tiempo? Porque no quiero pagar el precio de nunca volver a comer nachos o pizza.

La pérdida de peso es una buena metáfora de la forma en que puedes aplicar los conceptos de este libro. Utilizar eficazmente un enfoque basado en el intercambio puede resultar más fácil para algunos padres que para otros. <u>Tu éxito dependera de cómo apliques estos conceptos y que tan dispuesto estés a recetarlos.</u>

Asimismo, existen costos que derivan de la aplicación de esos conceptos. Durante lo que resta del libro, hablare de estos costos y demostraré cómo se usa eficazmente un enfoque basado en intercambios.

PUNTOS IMPORTANTES QUE DEBES CONSIDERAR CUANDO USES LOS INTERCAMBIOS

He aquí algunos lineamientos importantes que te ayudarán a transitar hacia un enfoque basado en el intercambio con tu hijo adolescente.

Cambiar cuesta

Si una pelota tiene impulso y avanza decididamente en una dirección específica, cierta cantidad de energia debe ser aplicada a esa pelota para hacer que se mueva en una dirección distinta. Esta ley de la física es también aplicable a los adolescentes. Recuerdo que, alguna vez, debimos mudarnos. Mis hijos mayores arrastraban los pies, suspiraban, se quejaban groseramente y trataban de convencerme de que no nos mudaramos. Sin embargo, a pesar de sus quejas a gruñidos, lo hicimos. Después de vivir en nuestra nueva casa por un tiempo, los antiguos quejumbrosos comenzaron a decir: "Me gusta más la casa en que vivimos ahora, que la anterior." Siempre hay que pagar un precio por cualquier transición. Todo mundo, independientemente de su edad, tiende a resistirse al cambio, incluso aunque el cambio le resulte benéfico.

Transformar tu relación con tu hijo adolescente en una relación basada en intercambios generara un costo. Incluso la promesa de una vida familiar más feliz y productiva, no hará gran diferencia en la actitud de tu hijo adolescente si son jóvenes y flexibles, están abiertos a probar algo nuevo para que las cosas mejoren. Quizás este sea el caso de algunos, pero la verdad es que mantener el *status quo* resulta, a menudo, una fuerza más poderosa de lo que puedes imaginar.

UNA MAMA QUE PAGO LOS COSTOS DEL CAMBIO

Conozco a una madre cuyos hijos no hacían sino ignorarla y

desdeñar cualquier esfuerzo que hiciera por ayudarlos. Cocinaba, limpiaba y lavaba mientras el resto de la familia veía la televisión o jugaba con sus amigos. Con el paso del tiempo, termino por despertar y percatarse de lo mal que iban las cosas. Decidió que era momento de tener intercambios mas equitativos. El problema es que no lograba hacer que nadie la ayudara. De hecho, se limitaban a ignorarla. Finalmente, dejo de hacer *todo*.

La ropa se amontono hasta el techo; los platos observaban la misma tendencia; la familia comenzó a padecer hambre; los hijos y el marido lloraban e imploraban. La madre se mantuvo firme. No era fácil, pero su huelga fue efectiva. El resto de la familia intento echar mano de todos los trucos imaginables para hacer que volviera la vieja rutina. Sin embargo, ella se mantuvo inconmovible.

Finalmente, después de dos semanas de ropa manchada, platos sucios, habitaciones desordenadas y, especialmente, de estomagos vacios, la familia capituló. Diseñaron un intercambio en el que todos los miembros de la familia cooperaban. Ninguno de ellos se veia obligado a llevar a cuestas toda la carga. Todo mundo estaba contento de que las cosas funcionaran al punto de que cada uno de los miembros termino por hacer el trabajo que le había sido asignado.

En el futuro, la mera amenaza de otra huelga hacia que la familia de esta madre entrara en acción. Este fue el precio que esta mujer tuvo que pagar para obtener un cambio más equitativo con su familia; sin embargo lo pago y, al hacerlo, resolvio su problema.

Haz intercambios sinceros

Karin es una esposa y madre que siempre siente tener que cumplir una misión importante. Le gusta ser líder y ayudar a los demás, sin importar el contexto. También cree que es responsabilidad de su familia ayudarla en esto. Cuando sale para entrevistarse con otras personas, su familia debe asumir sus responsabilidades en casa. Lo que confunde a su familia es que

Karin no se dedica a causa específica alguna; sencillamente sale mucho. Hasta hace algunos años, cuando Karin salía, la mayor parte de la carga recaía sobre su hija mayor adolescente, Brittney, y Brittney es muy confiable y siempre atendía a los niños, cocinaba para la familia y hacia otras cosas que pensaba que su madre debía hacer, ya que su madre salía muy a menudo, Brittney se sentía apabullada por tanta responsabilidad. Karin, a su vez, trataba de explicarse con su hija: "Necesito de tu ayuda porque lo que hago es muy importante y esta es la forma en que tu contribuyes a ello."

Sin embargo, Brittney nunca estuvo de acuerdo con este intercambio. Su madre se lo había impuesto. No tenía tiempo libre e incluso su desempeño académico comenzó a verse afectado. Durante años vi desarrollarse esta situación y vi a Brittney perder el tiempo que hubiera debido dedicar al aprendizaje, a la diversión y a estar con su familia. En su lugar, tenia que desempeñar el papel de mamá.

Creo que, finalmente, Brittney no pudo más. Un día, huyó. Se fugo con su primer novio verdadero, un chico al que su madre ni siquiera conocía. Brittney escribió una carta a su madre, hizo sus maletas y se fué.

Yo estaba en casa de Karin cuando esta lloraba rodeada de algunas amigas a quienes nos contaba el asunto. "Después de todo lo que he hecho por ella," decía, "esto es todo lo que recibo como agradecimiento. Ahora tendré que cuidar yo sola a los niños." Las lágrimas corrían por su rostro.

El intercambio que Karin sostenía con su hija era una estafa. Brittney no podía negarse a el y no recibía gran cosa a cambio. Karin gustaba de contar que tenía una gran familia, pero a decir verdad, no disfrutaba demasiado de la responsabilidad que le suponía. Utilizaba la culpa y la presión de su autoridad para hacer que su hija hiciera su trabajo. Nunca hubo sincera discusión alguna entre ellas que pudiera conducir a un intercambio equitativo. Finalmente, cuando Brittney no pudo más, se fue.

Si quieres que los intercambios beneficien a los involucrados, la sinceridad es tu única opción. Si esperas que este enfoque funcione, ni tu ni tus hijos pueden mentir. En muchas relaciones, las reglas que rigen los intercambios permanecen engañosamente ocultas.

En tanto, Padre, debes estar dispuesto a renunciar a cualquier agenda oculta que tengas en tu relación con tu hijo adolescente. Pon todas las reglas sobre la mesa. Tu meta es generar un ambiente de equidad en el que todo mundo comprenda claramente las reglas. Sin honestidad, el éxito es imposible. Los padres necesitan asumir la responsabilidad de las reglas que imponen y no negar que lo hacen.

ALTO A LAS MENTIRAS

Cuando mi hijo Paul tenía 16 años, su novia vivía en un pueble cercano. Evidentemente, quería pasar tiempo con ella. Me pedía prestado el automóvil para ir a su casa a hacer la tarea con ella. Accedí con la condición de que le pusiera gasolina y de que regresara a casa antes de las 10:30 de la noche. Al principio, cumplía con el acuerdo; pronto, sin embargo, comenzó a actuar con descuido respecto a la hora de llegada y a regresar a casa con varias horas de retraso.

Paul se precia de ser una persona muy honesta, y sin embargo, al no cumplir con su parte del acuerdo, no estaba siendo honesto conmigo. Así, un día le dije que tenia un problema con el. Me pregunto en qué consistía y le conteste: "Quiero saber por qué me mientes." Su respuesta fue: "Yo no te miento, ¿Por qué dices eso?" Le conteste: "Me mientes con respecto a nuestro intercambio. Me dijiste que regresarías a casa antes de las 10:30, ese era nuestro acuerdo. Ya que no lo has hecho últimamente, has roto nuestro acuerdo y me parece que mientes."

Inmediatamente, Paul comprendió lo que yo quería decir. Después de eso, comenzó a llegar a casa a tiempo, o a llamar para renegociar su hora de llegada. Al ayudar a Paul a ver que no estaba cumpliendo con su parte del acuerdo, pude resolver rápidamente el problema sin que tuviéramos que discutir.

La honestidad confiere poder y seguridad a una relación como ninguna otra cosa. Es lo que hace que la relación se conserve integra. La honestidad construye un entorno seguro y estable en el que todo mundo puede concentrarse en lo que verdaderamente necesita en lugar de jugar jueguitos.

Recuérdalo: estás en la posición de poder

Recuerda que nosotros, los padres, estamos en la posición del poder. Nosotros somos los que ganamos el dinero; Nosotros somos los dueños de la casa; Nosotros tenemos los conocimientos. He visto a muchos padres creer que han perdido el control. Muchos sienten que avanzan en sentido contrario por una calle de un solo carril con un adolescente loco al volante.

Un enfoque basado en intercambios, sin embargo, ayuda a los padres a recuperar su control natural. En lugar de imponerse a sus hijos, los padres pueden echar mano de sus recursos naturales (el tiempo y la propiedad) en beneficio mutuo. El poder natural, usado con sabiduría, erradica las luchas de poder, concentra la atención en hacer que los intercambios funcionen.

En el mundo del trabajo, un jefe eficiente nunca deja que los empleados con poca o nula experiencia decidan como debe operar la empresa. La razón por la que los empleados están generalmente dispuestos a hacer lo que se les pide es que se ven compensados por sus esfuerzos. Todas las partes han acordado un intercambio mutuamente beneficioso. Este mismo enfoque puede ser aplicado en la familia. El padre generalmente tiene algo que el adolescente quiere, como tiempo, ayuda, dinero o un automóvil. Esto coloca a los padres en una posición de poder que les permite hacer intercambios con sus hijos pero que no permite lo contrario.

NUESTRO TEMERARIO LÍDER EN PAÑALES

El otoño pasado, unos parientes vinieron a visitarnos por unos días. Antes de volver a su casa, necesitaban hacer algunas compras. Cuatro adultos y un niño de dos años nos lanzamos a la tienda. Al entrar, el niño se convirtió en el guía de nuestros pasos. En primer lugar, se negaba a ir en su cochecito; quería caminar. Entonces vio un mostrador de refrescos a su derecha y quiso un refresco. Su madre intento hacer un trato con el: "Te compro un refresco si te subes al cochecito." El trato no prospero. Ahora el niño caminaba aun más lento y alternaba los tragos de refresco con los pasos. Así íbamos los adultos--agachados y con la vista fija en el vaso de refresco que oscilaba hasta amenazar con un desastre--, caminado lentamente por la tienda para seguir a nuestro líder de dos años.

Eventualmente, mis parientes encontraron el pasillo que buscaban. El infante dejo el refresco a medio beber a la mitad del pasillo y decidió reordenar los productos que se encontraban en un estante cercano. Al tomar su madre los artículos y volver a colocarlos en el estante, el niño corrió hacia otro aparador. Toco entonces el turno a su padre para levantar las cosas. Después los cuatro adultos terminamos por participar. Si le quitábamos cualquier cosa, gritaba. Toda nuestra atención estaba concentrada en él. En medio de este caos, comprendí que estaba sucediendo. ¡Estábamos dejando que un niño de dos años dictara la agenda y el comportamiento de cuatro adultos!

A fin de cuentas, nos tomo mas de una hora comprar algo que hubiera debido llevarnos cinco minutos. Esta es una historia tonta pero recurrente. Los padres permiten que los niños se comporten de esta forma todo el tiempo. Dejamos que nuestros hijos definan nuestra agenda. Les cedemos nuestro poder. ¿Cómo podría un padre haber hecho las cosas en forma distinta utilizando el proceso de intercambios? ¿Cómo puedes enseñar a tu hijo nuevas reglas de intercambio?

Si este niño hubiera sido mi hijo, le hubiera preguntado si quería ir a la tienda con los demás. De haber respondido afirmativamente, le hubiera explicado que debía ir en su cochecito todo el tiempo. En cuanto hubiera comenzado a quejarse, lo hubiera llevado inmediatamente al automóvil y hubiera esperado a que los demás salieran. En realidad, no había razón para que fuéramos cuatro los adultos en la tienda. Esta acción hubiera comenzado a enseñar al niño la regla de que un padre debe pagar un costo inicial para prevenir y modificar muchos problemas futuros. Hubiera sido mas fácil pagar el costo de quedarse sentado en el auto con este niño que dejar que aprendiera por su cuenta que estaba totalmente a cargo de la expedición de compras.

Al definir intercambios, debes recordar que tienes muchos recursos valiosos para ofrecer a tu hijo: tú tiempo, tu dinero, tu atención y tu amistad son solo algunos de ellos. Cuando intercambio con mis hijos, una de las cosas más valiosas que quiero de ellos es su respeto. También disfruto mucho de la amistad que están dispuestos a darme. A cambio, también trato de recetarlos y de tratarlos como amigos.

Es posible hacer intercambios independientemente de tu situación financiera. Solía comprar sus alimentos favoritos con cupones y prepararles su menú favorito a cambio de que me ayudaran a cuidar a sus hermanos menores. He ofrecido mi tiempo para jugar juegos de mesa con ellos a cambio de que doblen la ropa. Los padres que tienen mucho dinero no tienen más obligaciones con sus hijos que los demás. Los padres deben recurrir a cualquier medio a su disposición para ayudar a sus hijos adolescentes a hacer intercambios satisfactorios. Utiliza lo que tengas para ayudarlos a aprender a ser responsables.

Establece intercambios sencillos con tus hijos *antes* de que alcancen la adolescencia

Recientemente lleve a los niños al dentista par que les hiciera su revisión periódica. Algunos días después, la recepcionista del dentista me llamó para avisarme de una fecha que se había abierto para que Christina, de seis años, fuera atendida de unas muelas picadas. En la pequeña comunidad en la que vivo, el consultorio del dentista solo abre dos veces por semana. Esta localizado frente a la escuela a la que asiste Christina. Mi trabajo se encuentra a 80 kilómetros de distancia, por lo que para mi hubiera sido muy difícil llevarla al consultorio. La cita era para ese mismo día por lo que acepte esperando poder resolverlo.

Llame a la escuela para que avisaran a Christina de la cita y le pidieran que fuera al consultorio del dentista a la hora convenida. El personal del consultorio del dentista estaba asombrado por lo madura y responsable que se mostró por asistir sola siendo tan pequeña y por resistir las perforaciones y curaciones que hicieron a sus dientes para después volver a la escuela. Sé que no son muchos los padres que dejan que una niña pequeña vaya sola al dentista. Ciertamente no lo hubiera hecho en la ciudad en que vivo ahora. Aquel era un pueble muy pequeño y muy seguro y el personal conocía muy bien a nuestra familia. Sabía que la escuela me avisaría de cualquier problema y me informaría si Christina se negaba ir sola al dentista.

Christina es muy independiente para su edad. Atribuyo gran parte de su madurez a la responsabilidad que ha asumido debido a mi empleo de un enfoque basado en intercambios en nuestra familia. Ahora es responsable de su propia salud y de su bienestar. Se sentía muy orgullosa de lo que había logrado ese día y no podía esperar para llegar a casa y contarlo. Se había percatado de que me había ayudado y había hecho mi vida más fácil.

Una de las cosas que he aprendido después de todo por lo que he pasado es que la paternidad muchas veces consiste en hacer lo que funciona mejor en una determinada situación y no en actuar siempre de acuerdo a un patrón preconcebido. Los padres deben ser flexibles. Ayudar a tu hijo a aprender a ser responsable por medio de intercambios hará de él un adolescente con el que sea mas fácil vivir.

Haz que tu hijo adolescente se responsabilice de la solución

Cuando tus hijos adolescentes necesiten algo, déjalos asumir la responsabilidad de pensar una forma de obtenerlo. La mayoría de los niños tratan de hacer que sus padres diseñen todos los intercambios. Una vez que tus hijos adolescentes se percaten de que esa es su responsabilidad, te resultara incluso divertido verlos definir las reglas del intercambio. Mi hija mayor, Juliana, era parte del equipo de golf de su preparatoria. Siempre sabia si al día siguiente practicaría golf porque la noche anterior limpiaba la cocina y lavaba los platos. Sabia que si hacia esto le permitiría utilizar el automóvil al día siguiente y llevar sus palos de golf a la escuela. Lo mejor del caso es que ni siquiera tuve que pedírselo.

Cuando tu hijo adolescente llegue a pedirte algo, quizás puedas hacerle preguntas como *"Si hago esto por ti, ¿qué me darás a cambio?"* o *"¿Por qué debería hacerlo?"* Es posible que estas preguntas te parezcan un poco duras pero quizás la única alternativa sea dejar que tu hijo adolescente se aproveche de ti. Una vez que el patrón basado en intercambios quede firmemente establecido en tu familia, veras que tus hijos se te acercan con un intercambio en lugar de hacerlo con una petición o una demanda.

BMWs en el DMV

Cuando trabajaba en el Department of Motor Vehicles (Departamento de Vehículos Motores o DMV, por sus siglas en inglés), un maestro de economía de la preparatoria local encargo a sus alumnos una tarea: ¿cómo gastarían un millón de dólares en treinta días? Evidentemente, muchos de los estudiantes decidieron "comprar" automóviles costosos como BMWs o Mercedes Benz. Y, naturalmente, necesitaban información sobre los costos de registro y placas de dichos automóviles.

A lo largo de dos semanas, nuestra oficina recibió más de 50 llamadas de gente que solicitaba ese tipo de información. De todas las llamadas, solo una provenía de un estudiante real. El resto fueron hechas por padres que habían decidido hacer la tarea de sus hijos.

Creo que los padres deberían delegar algunas de las cargas que llevan por causa de sus hijos a sus hijos mismos. Muchas razones, desde la culpa hasta el deseo de que nuestros hijos tengan lo mejor, son las que nos llevan a pivar a nuestros seres queridos de las cosas que pueden fortalecerlos mas como, por ejemplo, asumir la responsabilidad de sus propios deseos y necesidades.

Ten reglas flexibles

Mantén flexibles las reglas de tus intercambios con tus hijos adolescentes. Si tienes hijos adolescentes, sabes lo dinámico y rápido que es su mundo. Nada permanece igual. Tu vida será mucho más fácil si puedes adaptarte a las reglas del cambiante mundo de tus hijos. Yo observo una regla general que dice que *podemos cambiar las reglas.* Desde luego, las reglas no deben cambiar arbitrariamente de acuerdo al humor de los padres. Cuando sea necesario hacer cambios, debes informar a los afectados porque es necesario el cambio y en que beneficiara a todos los involucrados.

PAPA VA A COMPRARME UN AUTO

Una regla rígida puede hacer que tu familia y tu queden atrapados en un callejón sin salida. Tengo un amigo que ayudo a su hijo mayor a comprar un vehículo usado. Esto se convirtió en regla entre sus hijos mayores: *Papá está obligado a ayudar a comprar y mantener el primer auto de cada hijo.*

Conforme pasaron los meses, el padre pudo percatarse d que el acuerdo no le resultaba viable. Compró el vehículo y comenzó a pagar gasolina y reparaciones. El seguro lo coloco al borde de la quiebra. Comenzó a ver que este intercambio no lo beneficiaba demasiado. Así, tras asumir que esta aventura de comprar un automóvil había sido una experiencia de aprendizaje, decidió no hacer lo mismo por sus otros hijos.

Varios meses después fui a visitar a este amigo. Su relato de lo que había sucedido después fue muy interesante: "En un principio, mi hijo se quejaba amargamente mientras el auto permanecía en la cochera por un par de semanas. Ya que no tenía dinero para comprar gasolina, terminó por conseguirse un trabajo. Ahora podía pagar su propia gasolina y su propio seguro. De pronto, el auto dejo de "necesitar" todas esas reparaciones que quería hacerle. Después me senté con todos aquellos que habían manifestado su interés por tener un auto en el futuro. Anuncie al resto de mis hijos que nuestras circunstancias financieras habían cambiado y que no podíamos comprar un auto para cada uno. Les dije que para ser sincero, "su padre había sido un idiota en comprar incluso este auto. Aunque de mala gana, estuvieron de acuerdo y yo me sentí muy aliviado."

El padre modifico las reglas. Ya que las circunstancias habían cambiado, no podía seguir siendo rehén de una regla o de sus hijos que lo conminaban a aplicarla. En mi caso, me da igual si compras cinco autos o ninguno para tus hijos; lo que me importa es que las reglas y los intercambios funcionen para todos. Si mantienes las reglas flexibles, puedes hacer que tus intercambios se ajusten a cada situación. Si vives con adolescentes, tu existencia estará siempre en estado de constante flujo; lo mismo debe suceder con las reglas.

Se consistente en tus intercambios con tu hijo adolescente

Creo que la consistencia es el factor mas importante para criar bien a un hijo. La consistencia proporciona a tus hijos un barómetro para medir donde estas (o en que pueden salirse con la suya.) En tanto padre, debes asumir la responsabilidad de ser consistente y de redefinir los términos de los intercambios cada vez que sea necesario.

Se de una madre que trató de regirse por un determinado principio de intercambio, pero que no logro seguir aplicándolo. "Probé esto con mis hijos hace años," me contó, "Incluso me declare en huelga en una ocasión para que dejaran de aprovecharse de mi. Funciono pero solo por una semana. Cuando deje de presionar, todo mundo dejo de hacerme caso."

Ser consistente es como cuidar un jardín. Un jardín debe ser constantemente cultivado; de lo contrario, las malas hierbas se apoderaran pronto de el y arruinaran todo tu arduo trabajo. Lo mismo sucede con los intercambios. En ocasiones los olvido y regreso a mi vieja forma de hacer las cosas. Cuando me percato de ello, corrijo mi curso. Se que mis hijos estarán encantados con cualquier cosa que pueda darles sin intercambio alguno cada vez que esto ocurra. Es por ello que debo ser consistente y regular nuestros intercambios.

Mantente firme

"Deténgase ahora mismo, jovencito" Stevie observa a su mamá con el rabillo del ojo y sigue haciendo lo que le viene en gana. La mamá de Stevie intenta otra vez: le viene en gana. La mamá de Stevie intenta otra vez: "¡ No des un solo paso más! !No! !No! !N-N-O-O," prosigue. Un poco mas lento y sin dejar de observar a su mamá, Stevie sigue moviéndose. "Lo digo en serio: ni se te ocurra," aventura ella otra vez. Sin volverse hacia atrás, Stevie sigue su camino. Su mamá, harta ya de la situación y de otras mil similares, se encoge de hombros. Entonces, con voz cansada, dice "Nunca me escucha." Y, ¿sabes qué? No tiene razón alguna para hacerlo. Nada puede pasar al pequeño Stevie. Escucha las palabras, las amenazas…pero nunca sucede cosa alguna. Nada de golpes, de castigos, de restricciones. Siempre las mismas viejas palabras sin actos que las refuercen.

Nunca definas una regla que no estés dispuesto o no seas capaz de aplicar. Si estas interacciones entre el pequeño Stevie y su mamá prosiguen hasta que el cumpla 16 años y se convierta en Steve, ¿qué le habrá enseñado su madre a hacer cuando interactúe con ella? Si respondes que a ignorarla, probablemente tengas razón.

Tengo una amiga que se canso de que su esposo amenazara a sus hijos cuando se portaban mal en el auto. Cuando los niños peleaban en el asiento trasero, Papá les decía "¡Si no dejan de pelear tendrán que bajarse del auto!" ¿Lo escucharon los niños siquiera una sola vez? Por supuesto que no. Aún cuando estuvieran en medio del desierto de Mojave cuando escuchaban las amenazas, sabían que su papá nunca los obligaría a caminar.

Finalmente, mi amiga se harto de las inconsistencias de su marido. Un día, después de recoger a los chicos de un juego de béisbol a cuatro kilómetros de casa, comenzaron a pelear como de costumbre. Una vez más, el papa profirió amenazas. Sin embargo, esta vez mi amiga llego hasta el final e hizo que su esposo detuviera el auto. Los dos adolescentes tuvieron que regresar a casa a pie (vivían en un barrio seguro.) Tanto ellos como su padre estaban rojos de coraje. Que la madre se atreviera a hacer esto, escandalizo a *toda* la familia, pero desde entonces, los padres no han tenido que volver a amenazar a sus hijos con bajarlos del auto.

Asegúrate de que el intercambio sea entendido claramente

Siempre sé claro respecto a los contenidos de tus intercambios. En ocasiones he descubierto que parte de la claridad y del significado de un intercambio pueden perderse entre los diferentes mundos de una madre y de un adolescente. Permíteme ilustrar eso con los siguientes ejemplos:

Solía tener un problema de calcetines con mis hijas adolescentes. Ellas se ponían mis calcetines y yo no podía hacerlo. Cada vez que abría mi cajón de calcetines estaba vacío. Tenia que ir a la habitación de mis hijas, buscar los calcetines, y separar los míos de los suyos. Hice esto miles de veces hasta que un día encontré una solución.

Un día en que tenía algo de tiempo libre, reuní todos mis calcetines. Con un marcador indeleble, escribí la palabra "mom" ("Mamá") en todos mis calcetines. Creía haber resuelto el problema de los calcetines. Ahora todo mundo sabría a quien pertenecía cada calcetín. Sin embargo, algunos días después, mientras separábamos la ropa recién planchada, mi solución para el asunto de los calcetines sufrió un cuestionamiento. Mi hija de catorce años, que estaba ayudándome a arreglar la ropa, encontró mis calcetines marcados. Con expresión confusa, me preguntó "Mamá, ¿por qué algunos de los calcetines están marcados con la palabra "WOW?"

Nunca tendrás manera de saber cual será la percepción que tendrá tu hijo adolescente de lo que resulta tan claro para ti. Por tanto, antes de transformar los intercambios en actos es mejor aclarar las reglas del intercambio con todas las personas involucradas.

Para usar otro ejemplo, mi hijo Paul, quien tenía 17 años en ese entonces, había descuidado sus responsabilidades domésticas. Tuve que recordarle los términos de nuestro intercambio. Paul no se sintió muy contento con esto y llego incluso a quejarse con un amigo mío que estaba de visita. "Tengo tanto trabajo en la escuela," se quejo, "y tantas tareas, además de mi práctica de futbol americano, que no tengo forma de colaborar en los quehaceres domésticos tanto como mamá desearía. Sencillamente no tengo tiempo."

Mi amigo se percato de que Paul se sentía genuinamente apabullado, por lo que le pregunto: "¿Dispones de media hora diaria? Eso es todo lo que ella te pide." La expresión facial de Paul cambio inmediatamente. Estuvo de acuerdo y dijo: "Eso si me es posible."

"Creo que Paul pensaba que querías que fuera parte de una suerte de campamento de trabajos forzados para esclavos," me diría después mi amigo. De hecho, lo único que necesitaba Paul era que los términos del intercambio le fueran cuantificados en unidades que le resultaran mensurables. Necesitaba conocer los limites de la participación que esperaba de el. Paul necesitaba que su madre se asegurara de que la estuviera entendiendo bien.

No te dejes hacer rehén

No te dejes hacer rehén de la presunta obligación de encarnar determinado valor en tanto padre. Muchos padres se sienten plagados de culpa por no cumplir su función suficientemente bien. Esto los hace susceptibles de manipulación por parte de los medios de comunicación, de la publicidad, y especialmente, de sus hijos. He visto a muchos niños pequeños aprovecharse de la culpa de sus padres para manipularlos en su beneficio. Al llegar a la adolescencia, han hecho de la manipulación una ciencia.

Recuerdo a una niña de catorce años que hablaba de las cosas que sus padres le habían dado. Me estaba mostrando la hermosa mansión victoriana en la que vivía. El recorrido termino en su propia habitación. Tenia de todo: muebles de recámara nuevos por aquí, televisión y video casetera por allá, grandes animales de peluche por todas partes y un gran armario repleto de ropa y zapados. Tenía incluso su propio baño bellamente decorado. Sentada sobre la cama, mientras su rostro se teñia de una expresión de hastío, me dijo: "Ya no se qué otra cosa puedo empujar a mis padres a comprarme."

En otro momento, una mujer a la que conozco vino a verme para pedirme consejo. Su hija de 18 años --que trabajaba-- le había pedido que le comprara un auto nuevo y ella había accedido, a pesar de seguir manejando una carcacha. Ahora la hija le demandaba también el dinero para pagar el seguro. La hija había presionado a su madre con la idea de que: "¡Una madre debe ayudar a sus hijos!" Evidentemente, todos queremos ser buenos padres pero no dejes que un adolescente listo decida por ti, que constituye la buena paternidad. Evidentemente quieres ser un buen padre pero ¿cuál es tu verdadera motivación en tanto padre de un adolescente?

Decide que es lo que mas quieres

He visto a muchos padres ajetrearse hasta el agotamiento, llevando a sus hijos a cuanta actividad o cuanto deporte organizado existe. Cada día hay lecciones de pino, cursos de danza, partidos de futbol y expediciones de Niños Exploradores. Nada de malo veo en que dejes a tus hijos participar en estas actividades; sin embargo, lo que me parece reprobable es que muchos padres lo hagan por culpa, creyendo que deben llevar a sus hijos a que participen en una variedad tal de actividades, para ser buenos padres. Creen que, de algún modo, sus hijos sufrirán privaciones culturales si no participan en el mayor número posible de cosas.

Tuve que enfrentarme a esa misma culpa cuando no disponía del tiempo ni de los recursos necesarios para ofrecer tales experiencias a mis propios hijos. Cuando mi hijo Paul estaba creciendo, nunca lo inscribí en una liga organizada de deporte. Sin embargo, terminó por jugar futbol americano en Princeton, una universidad de la prestigiada "Ivy League". Aparentemente, la privación cultural no lo ha hecho sufrir demasiado.

Haz lo que resulte mas beneficioso para todo mundo, pero asegúrate de comprender las reglas que rigen tu comportamiento. En mi caso, decidí que mis hijos tenían mas necesidad de una madre cuerda que de formar parte de los Niños Exploradores. Esa regla constituyo mi motivación.

Al hablar con otros padres sobre estas ideas, me he percatado de que lo que un padre quiere de su hijo adolescente es tan único como el hijo mismo. Algunos padres no desean mas que terminar el día sin recibir una llamada de la escuela de su hijo. Otros quieren que sus hijas ganen concursos de belleza. Algunos quieren que saquen buenas calificaciones. Otros mas quieren ser buenos amigos de sus hijos. Cada persona es distinta y los deseos de cada quien son diferentes. Lo que hace único el proceso basado en intercambios es que ofrece a los padres una herramienta susceptible de ser empleada en cualquier situación.

Una vez que hayas comprendido esto, necesitaras darte el tiempo necesario para pensar que es lo que quieres en realidad. Definir claramente los deseos mas elementales de tu familia puede constituir la base sobre la que construyas tus intercambios. Si tener una casa ordenada es de vital importancia para ti, diseña tus intercambios para que tus hijos te ayuden a que así sea. Descubre que quieren tus hijos e incorpóralo a tu intercambio para que tu hogar este en orden.

Un último punto: los intercambios van mas allá de la familia

Conforme aprendan tus hijos adolescentes este proceso, lo aplicaran o otras relaciones en su vida sin siquiera percatarse de ello. Esto puede resultarles de gran ayuda, especialmente para enfrentarse al mundo y aprender a sobrevivir. Quizás les ayude a que nadie se aproveche de ellos dado que estarán conscientes de que la reciprocidad debe ser parte de cualquier relación.

Para usar un ejemplo personal, en alguna ocasión escuche a mi hija adolescente platicar con su mejor amiga. Su amiga le había pedido demasiadas veces que le diera las respuestas de su tarea. Mi hija le dijo que, ya que ella nunca le pedía cosa alguna o semejante, no tenia por que dárselas. La chica se molesto y decidió no hablar con mi hija durante unos cuantos días. Finalmente la llamó y se disculpo. Se había dado cuenta de que se estaba aprovechado de la amistad y prometió no volverlo a hacer. A la fecha, siguen siendo las grandes amigas.

Espero que los puntos aquí desarrollados te ayuden a instrumentar y aplicar con éxito el enfoque basado en intercambios con tus hijos adolescentes. La regla mas importante que debes seguir es: *Haz lo que resulte mejor para ti y para tu familia.* Evidentemente, decidir que es lo mejor para todo mundo puede resultar difícil y la responsabilidad y la culpa a menudo forman parte de la ecuación.

LOS INTERCAMBIOS ALEJAN A LOS ADOLESCENTES DE SUS UNIVERSOS FANTASIOSOS

Ayer en el noticiario, el conductor conversaba con un "experto" sobre una reciente balacera en una escuela preparatoria. Afirmaba que este incidente había recibido mucho mayor respuesta pública que cualquier otro asunto que hubiera cubierto antes. Uno de sus argumentos principales era que la balacera había tenido lugar en una región que para mucha gente, encarnaba el *American*

Dream", en un lugar seguro. Surgió entonces la pregunta: "¿Cómo pudo suceder esto a ese tipo de gente en ese tipo de vecindario?"

La culpa parece estar a la orden del día. La gente culpa a la industria cinematográfica, a los medios de comunicación, a Internet, a las escuelas y a la laxitud de las leyes de control armamental de muchos de los comportamientos reprobables que exhiben muchos adolescentes. Sin embargo, a fin de cuentas, los padres parecen ser el blanco *último* de tales culpas. A pesar de todas las advertencias a los padres, sin embargo, no veo que se les ofrezca demasiada ayuda sencilla y practica para resolver sus problemas con sus hijos adolescentes. No soy psicóloga ni socióloga: soy madre. Y creo que los padres tenemos la responsabilidad de enseñar a nuestros hijos a hacerse responsables de sus actos. No creo que podamos culpar del comportamiento de nuestros hjos a la sociedad, a los medios de comunicación o a la falta de leyes.

Mis hijos son hispanos que viven en Estados Unidos. Han vivido de los programas de asistencia gubernamental. Han visto a sus padres divorciarse y han sido educados por una madre divorciada. Estadisticamente, mis hijos enfrentan grandes riesgos de no terminar su educación media superior, de consumir drogas y, en general, de perder el control. Nada de ello les ha sucedido. Si traigo csto a colación es porque quizás los medios y los "expertos" se equivoquen respecto a las causas de los comportamientos reprobables. En medio de esta pletora de culpas, quiero ofrecer una solución: utilizar mi enfoque basado en el intercambio para enseñar a los adolescentes a ser responsables de si mismos. He aquí algunos ejemplos precisos de lo que quiero decir.

PERDIDOS EN UN MUNDO IRREAL

¿Te has fijado que los padres de los personajes de la tira cómica de Peanuts jamás pronuncian palabra alguna? Solo dicen "wa, wa, wa, wa" y nada mas. Y creo que eso es lo que escuchan muchos adolescentes. Nada mas que el sonido sordo y difuso de incontables palabras que crean un sinsentido. Cualquier ruido que no ha sido invitado constituye una intrusión en su mundo.

Los adolescentes tienen una tendencia

natural a crear mundos irreales.

Muchos adolescentes están tratando de autodefinirse. Están abandonando el mundo en el que veían en sus padres modelos de comportamiento. Ahora buscan la identificación en sus amigos, en la televisión, en el cine y en el resto de los medios de comunicación. El problema es que poco de eso es real.

Una de mis hijas cree que todo lo que ve en la televisión o en Internet es cierto. He tratado de explicarle que no es así. Un día comenzó a "chatear" con un "chico" que parecía demasiado bueno para ser real. Supuestamente vivía cerca de casa. Se había mudado recientemente de la ciudad en la que antes vivíamos. Tenía la edad adecuada. Me pidió que fuera a ver pues quería saber si podía darle su número telefónico. A mi me pareció un poco sospechoso. Le dije que en realidad no tenia idea de con quien conversaba. "Claro que tengo," me dijo señalando la pantalla. "Me lo acaba de decir aquí mismo." No quería creer que esta persona podía no ser quien decía ser. Dos días después, su prima adolescente le confeso que había fingido ser ese chico.

Mi hija había estado viviendo en un mundo irreal. Para ella, era real. Muchos adolescentes tienden a hacer lo mismo. Buscan su identidad y la de su mundo o en las imágenes construidas por los medios de comunicación. Pero esas imágenes son solo eso: imágenes; muchas chicas, por ejemplo, están obsesionadas por perder peso. Conozco a chicas preciosas que creen estar gordas. Las revistas y el cine les presentan modelos de belleza a los que aspiran. La mayoría de los adolescentes pasan la mayor parte de su tiempo de vigilar frente a algún tipo de pantalla. Este universo electrónico irreal se convierte en modelo aspiracional. Si se permite a los adolescentes seguir viviendo en ese mundo sin tener que emerger y encarar la realidad, su fantasía se apodera de ellos al punto de creerla real.

LA PERDIDA TOTAL DEL VEHICULO DE LA AUTO-ESCUELA

Tengo una amiga cuya hija destrozo completamente el vehículo de la auto-escuela que había contratado para aprender a manejar. Su instructor buscaba una pluma que se le había caído al piso del auto. La chica giro la cabeza hacia atrás mientras manejaba y comenzó a hablar con una amiga que iba en el asiento trasero. No volvió la cabeza hacia el frente sino que siguió conversando. Nadie vio el caballo que atravesaba la carretera hasta que fue demasiado tarde. Afortunadamente, nadie --salvo el caballo-- salió herido. He ahí un ejemplo de lo que hacen algunos adolescentes. Se concentran tanto en su propio mundito que ignoran el mundo real que existe más allá del automóvil.

Me réferi antes a una balacera en una preparatoria. De acuerdo a reportes periodísticos, los dos chicos que dispararon habían vivido totalmente inmersos en películas, vidojuegos y sitios de Internet violentos. Después trasladaron la sangre y el horror de esos medios a su propia escuela. ¿Cómo sucedió esto? antes de que ocurriera la tragedia, estos adolescentes tuvieron que procurarse acceso a numerosas cosas: pistolas, materiales para la fabricación de bombas, computadoras con conexión a Internet, televisores, propano, gabardinas municiones. ¿Cómo pagaron esas cosas o hicieron las transaccioncs necesarias? Imagino que alguien

--sus padres u otras personas-- les dio los recursos sin pedir cosa alguna a cambio.

Sin embargo, si los chicos hubieran tenido que hacer intercambios para realizar estas transacciones, especialmente con sus padres, quizás hubieran estado más conscientes de lo que sus hijos estaban haciendo. Los chicos no hubieran podido estar aislados. Hubieran tenido que compartir el costo real de lo que estaban haciendo.

Algunos padres ayudan, de hecho a sus hijos a construir mundos irreales. Y esperan que, gracias a alguna suerte de milagro, sus hijos se conviertan después en adultos responsables. Esperar este tipo de milagros constituye también una fantasía. Debemos hacer algo realista para ayudar a nuestros hijos a vivir en sociedad. Un proceso basado en intercambios puede ayudarte.

COMO PERDER UN TRABAJO

El de padre debe ser un trabajo temporal. Evidentemente, siempre querrás a tus hijos y siempre serás su padre o su madre pero dejarlos ir forma también parte de tu trabajo.

Conozco a una pareja que quieren seguir siendo padres por siempre. Tienen cuatro hijos adultos que siguen viviendo con ellos. Los hijos no quieren irse de casa. Sus padres les ofrecen un lugar hermoso donde vivir, con todos los gastos pagados. Estos hijos adultos disponen de servicio de lavandería, cocina y limpieza y, además, pueden pagarse un mejor auto que el de sus padres. ¡Que buen trato!

Sin embargo, no es tan bueno como parece. Para ser padre por siempre es necesario tener hijos por siempre. Estos hijos adultos están atrapados en una dependencia impuesta por unos padres que tienen la necesidad malsana de hacer que sus hijos sigan necesitándolos. Lo que parece generosidad es en realidad egoísmo de los padres.

SER PADRE NO ES MAS QUE UN ROL

La idea de que ser madre no fuera sino un trabajo--o un rol-- era nueva para mí. Durante muchos años, mi vida giro en torno a mis hijos y a ser su mamá. Cuando alguien me preguntaba a que me dedicaba, respondía siempre lo mismo: "Soy mamá."

Gradualmente me percate, sin embargo, de que comenzaba a desvincularme en tanto persona del rol de madre. Al hacerlo, podía concentrarme en ayudar a mis hijos a independizarse de mí. Tenía mayor capacidad de permitirles definir el curso de su propia vida. Espero que algún día, cuando todos se hayan ido, haya logrado perder el trabajo de madre y ser sencillamente amiga de mis hijos.

Una de las razones por las que muchos padres no tienen intercambios equitativos con sus hijos adolescentes es que estos asignan a sus padres un papel inmutable. Cuando uno contrata a un mayordomo para que abra la puerta y maneje el automóvil, espera que desempeñe esas tareas pase lo que pase. Muchas veces, los adolescentes tienden a esperar lo mismo de sus padres: esperan que los padres desempeñen tareas predeterminadas pase lo que pase a menudo, eso imposibilita cualquier intercambio equitativo. Sin embargo, si te concentras en que los intercambios funcionen en el contexto de *cada* situación, terminaras gratamente sorprendido por los resultados por la maravillosa relación que construyas con tus hijos. ¡Puede ser algo *muy* lindo!

Lo que sigue es la historia de la experiencia unica que tuvo un padre con su hija de trece años. La oportunidad de perder el trabajo de padre le llego mucho antes de lo que nos llega a la mayoría:

Hace años, mi hija Amy se me acerco y me dijo: "Necesito hablar contigo a solas, papá." Así que hablamos. Amy comenzó: "Papá, ¿no es verdad que en general hago las cosas bien?'

"Pues si, en general es cierto," tuve que admitir. Tenía buenas calificaciones, hacia sus tareas domesticas, no se metía en problemas, nos ayudaba a cuidar de sus hermanos menores y era muy responsable de si misma.

"Entonces, ¿por qué no nos olvidamos de esta historia   de ser padre e hija?"

Estuvo de acuerdo. No dejo de ser su padre ni de quererla pero le permito llevar a cuestas tantas de sus propias responsabilidades como pudiera. Y funcionó. Su vida ha sido buena y ahora ella misma es madre. Recientemente expreso a su padre cuanto apreciaba el respeto que había tenido por su deseo de hacerse cargo de su vida desde muy temprana edad. Quizás algunos padres se opongan a este ejercicio de la paternidad pero hay que reconocer que logró muy temprano lo que muchos padres quisieran alcanzar eventualmente con sus hijos.

Hoy tengo un hijastro de 18 años que es sordo. Debido a su circunstancia especial, me veré obligada a desempeñar un papel activo como madre durante varios años más. Cada hijo es diferente y uno debe hacer lo que cada hijo necesita mas. Lo cierto es que, eventualmente, tu meta debe ser dejar de ejercer la paternidad aunque nunca dejes de ser padre.

ESFUERZOS BIEN RECOMPENSADOS

Cuando apliques los conceptos expuestos en este libro, notaras los resultados inmediatamente. Con el tiempo, y con un uso sistemático del enfoque basado en intercambios, veras un cambio en la actitud de tus hijos. Enfrentarán la vida de otra manera. La historia que figura a continuación, última de este libro, ilustra el cambio que vi en mi hija y que me convenció de que este enfoque funcionaba para su vida.

Hace un par de años, descubrí que Linda, mi hija de catorce años, y sus amigos celebraban fiestas con alcohol. Me entere de que la mayoría de estas fiestas tenían lugar en casa de una de sus amigas, Sara, que vivía sola con su madre, quien rara vez estaba en casa. Sentí que debía intervenir dado que mi hija era demasiado joven para beber alcohol.

No confronte a Linda con el asunto en cuanto me entere.

Llegada la noche, después de recibir mi llamada desde casa de Sara, Linda y tres de sus amigas llegaron a casa y se encerraron rápidamente en la habitación de ella. Escuche su conversación mientras caminaba por el pasillo. Las chicas presionaban a Linda para que hiciera algo que no quería hacer y le recomendaban mentirme al respecto. En ese momento, las interrumpí y mande a las tres chicas a su casa. Les hice saber que las había escuchado. Mande a Linda a la cocina a lavar los platos, lo que le daría tiempo para pensar.

Poco después, encontré a Linda llorando junto al fregadero. "Necesito irme," me dijo. "Necesito alejarme de esta gente. Insisten en que haga cosas que no quiero hacer."

Fuimos juntas a cenar a un restaurante para discutir el asunto. No podía tener otras amigas dado que en ese entonces vivíamos en un pueblo muy pequeño.

"¿Puedes aguantar hasta el fin del año escolar?" le pregunte, "nos mudaremos a California entonces."

"No," me dijo. "Necesito irme ya." A sus escasos catorce años, Linda había identificado exitosamente la solución a un problema muy difícil. En menos de una semana, hicimos los arreglos necesarios para que se mudara antes que el resto de la familia y viviera con una tía hasta nuestra llegada. Ahí hizo muchos nuevos amigos. La mudanza le dio la oportunidad de florecer en formas maravillosas que no hubiéramos podido imaginar antes. Alcanzó metas que ni siquiera yo hubiera podido imaginar.

Un mes después de mi plática con Linda, los padres de las otras chicas comenzaron a lidiar con el problema. Planeaban una reunión de todos los padres para discutir tácticas que les permitieran lidiar con los niños. En nuestra casa, el problema estaba resuelto y era mi hija quien lo había solucionado.

Se que esta solución no es la que muchos padres hubieran elegido. Se que muchos padres tienen problemas con sus hijos adolescentes respecto a asuntos difíciles como el alcohol, las drogas, el sexo, etc. La intención de este libro es ayudar a los padres que tienen una relación relativamente sana con sus hijos adolescentes. Sin embargo, existen adolescentes cuyos problemas deben ser tratados solo con ayuda profesional y psicoterapia. Este libro no busca resolver problemas profundos.

Sin embargo, independientemente del nivel de la relación o de los problemas que puedas tener con tu hijo adolescente, este proceso puede ayudarte. La clave reside en mantener la consistencia en tus intercambios con tu hijo. Linda hizo una elección importante y responsable debido a la consistencia que durante años había mantenido yo con ella. Aprendió algunas reglas en la vida. Quizás tu hijo adolescente comience a vivir de una forma distinta si sabe que siempre serás consistente y no promoverás decisiones erróneas.

¿Qué pasaría si una hija adolescente *supiera* que, de embarazarse, su madre no criaría al niño ni les permitiría vivir en su casa (en otras palabras, que no se haría responsable de los actos de la adolescente?", quizás entonces la hija sabría que su responsabilidad seria buscar trabajo y cuidar del niño ella misma, casarse, dar al niño en adopción, etc. Este conocimiento puede operar como medicina preventiva. Los adolescentes que decidan beber, sea por decisión propia o por la de sus amigos, siempre deberán ser responsables de esta elección en sus intercambios contigo en tanto padre, ¿les ayudas si les permites hacer uso del automóvil para salir? ¿Qué hay de darles dinero para comprar botellas?

No puedes controlar a tu hijo adolescente, especialmente conforme va haciéndose adulto, pero puedes controlar la consistencia de tus intercambios. Los adolescentes pueden tomar decisiones erróneas y, lo que es mas, las tomarán; sin embargo, en tanto padre, debes ser fiel a tus reglas y a tus intercambios. La consistencia es la clave para que este proceso funcione. Se que criar a un adolescente es difícil; se también que en algunos casos es mas fácil que en otros. Pero se, por experiencia personal, que estos principios funcionan.

DE TI DEPENDE

El proceso que enseña este libro puede ser empleado en muchas formas. Puedes utilizarlo para resolver un problema aislado que tengas con tu hijo o puedes trasformar por completo tu relación con el. Puedes incluso extra apoyar este proceso a relaciones problemáticas de otra índole. Tengo un amigo que aplico estas ideas sobre la paternidad para reestructurar a toda su empresa. El uso que des al proceso basado en los intercambios depende enteramente de ti.

Debido a la unicidad de cada relación padre/hijo, el resultado de este proceso será también único. ¡Lo que sucede en mi propia familia es increíble! Tiene un aire de magia que le confiere vitalidad. Resultan indescriptibles el amor, el respeto y la camaradería que reinan en nuestro hogar. El contraste entre lo que eran las cosas y lo que son después de haber promovido estos cambios constituye quizás el cambio más grande que he experimentado en mi vida. Sin embargo, nuestra unicidad lo hace solo nuestro. Rezo porque tengas tanto éxito con tu familia como he tenido yo con la mía.

www.ingramcontent.com/pod-product-compliance
Lightning Source LLC
Chambersburg PA
CBHW060530030426
42337CB00021B/4204